러시아외교관 시각으로 본 3·1운동

※ 이 책은 국가보훈처의 보조금 지원으로 발간되었으나 그 내용은 국가보훈처의 견해와 다를 수 있습니다.

러시아외교관 시각으로 본 3·1운동

초판 1쇄 발행 2019년 12월 31일

지은이 ┃ 박보리스, 박태근
옮긴이 ┃ 심 헌 용
펴낸이 ┃ 윤 관 백
펴낸곳 ┃ 도서출판 선인

등 록 ┃ 제5-77호(1998.11.4)
주 소 ┃ 서울시 마포구 마포동 324-1 곳마루 B/D 1층
전 화 ┃ 02)718-6252/6257
팩 스 ┃ 02)718-6253
E-mail ┃ sunin72@chol.com

정가 16,000원

ISBN 979-11-6068-331-8 93900

· 잘못된 책은 바꿔 드립니다.

러시아외교관 시각으로 본 3·1운동

박보리스, 박태근 지음
심헌용 옮김

▌역자서문

임시정부의 3·1운동 기억과 계승

　1920년 3월 1일, 3·1운동이 벌어진 지 1주년을 맞아 대한민국 임시의정원이 상해에서 3·1절 기념식을 개최하였다. 이때 국무총리 이동휘 등 주요 임정요인이 모두 참석하였다. 오후 2시 올림픽극장에서 3·1절 축하식이 거행된[1] 후 거리로 나와 시위를 벌였다. 축하식이 있었던 상해 밍더리(明德里) 바오캉리(寶康里) 샤페이루(霞飛路) 일대에 사는 한인들은 집에 태극기를 내걸었다.

　중국 푸단(復旦)대 역사학과 교수인 쑨커즈(孫科志)는, "당시 상하이내 한인은 700명 안팎으로 추산되었기에 일대의 거의 모든 한인이 3·1운동 1주년을 기념하고자 모인 셈이다. … 임정 요인들은 당시 3·1운동으로 세계에 한국의 독립을 이미 알렸다고 생각하고 일제 세력을 한반도에서 축출하는 것만 남았다고 인식하고 있었다. … 그들에게는 첫 번째 3·1운동 기념행사는 새로운 출발점으로서 큰 의미가 있었다. 당시 독립신문 기사를 보면, 교민단이 주최한 축하회 무대 위에는 대형 태극기가 교차해 내걸린 가운데 '대한독립 선언기념', '독립만세'라는 문구가 쓰인 대형 현수막이 내걸렸다."[2]

---

[1] 역자주－2019년 현재 3·1절 축하식이 있었던 자리는 '상해 스타벅스 리저브' 매장 길 건너편 난징시루 거리다. 축하식이 열린 올림픽 극장은 후이인(匯銀) 빌딩이 들어섰다.

[2] "임시정부가 제대로 활동을 시작한 역사적 공간, 상해 임정 '1호 청사'를 가다",

축하회 식순은 다음과 같았다.

오후 2시경 행사 진행 :
참석 - 이동휘 국무총리, 내각 총장들, 손정도 임시의정원 의장,
  민단장 여운형(사회)
애국가 제창 /축사 - 이동휘, 손정도 /독립군가 합창 /만세삼창

△ 임시정부의 제2회 삼일절 기념식(1921, 상해 올림픽극장)

공식행사가 끝난 오후 4시경 감격이 가시지 않은 참석자들이 극장앞 거리로 쏟아져 나왔다. 상해에 거주하던 거의 모든 한인 주민이 거리로 다 나왔을 정도로 많은 인원이었지만 이들은 감동과 독립에의 열망으로, 비록 봄비가 내리는 거리였지만 전찻길을 따라 독

「재외동포의 창」, 재외동포재단, 2019.4.

립만세를 목청껏 외쳤다. 일부 한인들은 자동차를 여러 대에 나눠 타고 당시 일본인 거주지인 홍커우까지 진출하여 독립만세를 외쳐 일본 당국을 바짝 긴장시켰다.

「독립신문」(우중의 행진)이 보도하기를 "독립만세를 더욱 고창하며 일인의 시가인 홍커우 방면으로 돌진하여 심야까지 시위를 계속하였다. 러시아인들은 '우라(만세)'를 부르고 중국인은 박수로 환영하는데, 일인은 비슬비슬 보기만 하였다." 이후 중국에서 벌어진 3·1운동 기념식에서는 자동차 동원한 만세 거리시위가 연례행사로 자리 잡았다.[3]

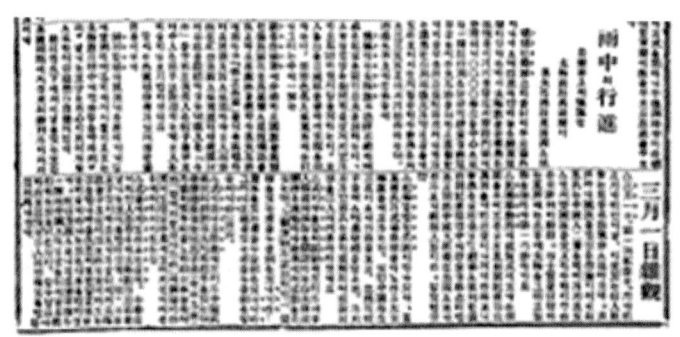

△ 제1회 삼일절 기념식 보도기사(독립신문. 1920.3.4.)

삼일절을 기념한 곳은 상해만이 아니었다. 멀리 러시아 이르쿠츠크에서도 기념식이 열렸다. 1921년 2월 2주년 즈음해서 코민테른 극동비서국 산하 이르쿠츠크당위원회는 기념식 개최를 통보한다. 이

---

[3] 중국 유력지 『신보(申報)』, 1920. 3. 4. "1920년 3월 2일 텐진(天津)의 한인들이 자동차를 타고 영국 조계지에 들어가 전단을 뿌리고 만세를 외쳤다."

날은 한인들의 민족적 축제일이라며 아침 10시부터 오후 2시까지 집회를 열 것이며, 저녁 6시부터 8시까지 공연과 만찬이 포함된 집회가 열렸다.[4]

3·1운동은 일제의 폭압적 식민통치에 항거하여 독립을 쟁취하려는 한민족의 민중운동이었다. 서울과 평양에서 시작된 비폭력 만세운동은 전국을 넘어 만주, 연해주, 미주 그리고 식민지배국 본거지인 일본 동경 한복판에서도 전개되었다. 그 배경은 다음과 같다.

* * *

열강들은 전후 세계질서를 새롭게 구축하기 위해 파리에서 강화회의(1919~1920)를 열었다. 일제 무단통치에 억눌려 있던 한국인들 역시 파리강화회의와 같은 국제무대에서 열강에 독립을 청원하는데 일말의 희망을 걸었다. 당시 러시아에서는 1917년 10월 사회주의 혁명이 일어나 전쟁반대, 계급해방과 민족자결주의가 주창되었다. 그 다음해인 1918년 1월 미국 대통령 윌슨(T. W. Wilson)은 전후처리원칙 '14개조' 중 민족자결주의(제5조)를 주장하였다.

이 같은 열강의 분위기는 식민지 국민의 독립의식이 크게 고무시켰다. 상해의 한인청년지식인들은 1912년 구성한 동제사를 1915년 신한청년당으로 발전시켜 이념과 정파를 초월한 민족운동을 전개하자고 '대동단결의 「선언」'을 발표하였다. 이곳에서 신한청년당원들은 공화제 임시정부를 주장하였다. 1918년 민족자결주의를 주창한 윌슨대통령 특사가 상해에서 강연을 펼치자 신한청년당은 특사 파견 가능성을 타진한 후 김규식을 파리강화회의로 보냈던 것이다.

---

[4] РГАСПИ. Фонд 495. Опись 151. Дело 99. Лист 19.

역자서문 | 임시정부의 3·1운동 기억

신한청년당은 이에 더하여 국내외로 당원을 파견해 자금을 모금하고 선언문 발표나 만세운동 등 집단행동을 도모하였다. 이때 파견된 대표들은 국내로는 선우혁, 김철, 서병호, 김순애, 국내를 거쳐 일본으로 조용은, 장덕수, 이광수를 그리고 만주를 거쳐 노령으로 여운형을 파견하였다. 이들은 국내의 신민회 당시 동지들을 만나 자금조달과 국내 집단행동 등을 논의하였다. 여운형은 러시아 내전기 활약했던 체코군단을 만나 상호 독립운동에 대한 이해와 무기거래 등 독립운동 관련 활동에 공조하기로 하였다.

1919년 기미년 2월 1일(음력 정월 1일) 만주 지린(吉林)에서 39명의 해외 독립운동가들이 '대한독립선언서'(일명 무오독립선언서)를 발표하였다. 조소앙이 기초하였고 김규식 등 상해지역 신한청년당 당원들 김교헌, 김동삼, 김좌진, 유동열, 이동휘 등 북만주, 연해주 일대 독립운동가들 총 39명이 참여하였다.

최초로 발표된 독립선언서에는, 우선 "우리 대한(大韓)은 완전한 자주독립과 신성한 평등복리를 … 자손 여민(黎民, 백성)에 대대로 전하기 위해 … 대한민주의 자립을 선포하노라" 하였고 일제의 한반도 병탄은 "일본이 사기와 강박은 물론 무력을 사용한 강제 병합을 했으므로 원천적인 무효"라고 주장하였다. 그리고 "우리의 영토를 지키기 위해 무력사용을 불사할 것이며 … 이천만 동포들은 국민된 본령이 독립이므로 … '육탄혈전'으로 독립을 완수할 지어다"라고 주장하였다.

일주일이 지난 1919년 2월 8일 일본에서도 독립'선언문'이 발표되었다. 식민통치국 일본의 수도 동경 한복판에서 400여 명의 한국 유학생들이 조선기독교청년회관(YMCA) 강당에 모여 독립을 외친 것이다.

이처럼 상해, 만주 그리고 동경에서 이어진 집단행동 흐름은 마침내 1919년 기미년 3월 1일 서울 한복판에서 독립'선언서' 발표와 거족적 만세시위로 이어졌다. 서울과 평양에서 시작된 만세운동은 지방 군 단위로 퍼졌다. 일본은 외국을 의식하기도 했지만 초동대처를 어떻게 해야 할지 몰라 우왕좌왕하였다. 게다가 한국인 민중의 독립 열기는 시간이 지나면서 전국화되고 대규모로 전개되었다.[5]

시위가 잦아지지 않고 전국적 현상으로 번지자 일제 경찰은 강경 진압에 나섰다. 3·1만세운동은 대부분 비폭력 시위운동으로 전개되었지만 시간이 흐르면서 사상자 수가 늘어나자 더욱 격렬해졌다. 일본의 강경 진압이 최고조로 달하던 4월 중순 화성 제암리에서 주민 학살사건이 발생하였다. 4월 15일 화성 발안장에서 벌어진 만세운동 주동자를 검거하려던 일본 경찰은 제암리 마을 사람들을 교회에 몰아넣고 용의자가 나서지 않자 방화와 총격으로 몰살시켰다. 사건은 언론보도 통제로 묻힐 뻔 했으나 외국인 선교사 스코필드(F. Scofield, 석호필)가 촬영한 학살장면이 해외에 송출되면서 일제의 만행이 세상에 백일하에 드러났다.

국내에서 전개된 비폭력 무저항 운동은 해외에서도 급속도로 전파되었다. 우선 한인교민이 대다수인 만주의 서북간도(삼원포, 용정촌), 러시아의 연해주 등에서 대규모 만세시위가 벌어졌고, 중국의 상해 그리고 멀리 미국 동부 필라델피아 등에서 민족대회 겸 만세

---

[5] 3월 1일에서 20일 사이에 매일 평균 12곳에서 만세시위가 있었고 3월 21일에서 4월 10일 사이에는 전국 25곳에서 시위가 전개되었다. 한편 일본 육군성 자료인 「조선소요사건관계서류」에는 3. 1~5. 1. 사이에 2만 6,812명 참가한 것으로 기록되었다. 1919. 3. 1~5. 31. 전국 각지와 만주, 연해주 등 해외에서 전개된 99건을 포함해 1,692건의 집단행동이 있었고 연인원 103만 73명이 참가하였다. 기록되지 않은 인원을 포함하면 참가자는 더 늘어날 것이다.

시위가 전개되었다.

　서간도 유하현(삼원포)에서는 3월 12일 200여 명의 한인들이 '독립선언경축대회'를 열고 대한 독립만세를 외쳤다. 시위대가 삼원포로 진출하자 이를 경계한 중국 군경이 총격하여 9명이 쓰러지는 사태가 발생하였다.

　서간도 지역의 3·1운동은 유하현을 필두로 통화·안동·무송·장백현으로 옮기며 확산되었다. 통화현에서는 3월 하순 무장투쟁을 준비하여 친일파를 처단하자는 강경행동에도 나섰고, 4월에는 일부 부민단원들이 군자금을 모금하고 총기구를 구입하여 군사훈련까지 시켰다.

　북간도에서는 3월 13~14일 길림현 용정촌 북쪽 서전벌에서 '조선독립축하회' 명칭의 독립선언식을 개최하면서 만세운동을 시작하였다. 대회장 김영학이 '간도거류조선민족 일동' 명의로 「독립선언포고문」을 낭독하자 전날부터 운집한 3만여 한인들이 태극기를 흔들며 목청껏 만세를 불렀다. 이들은 악대를 앞세워 일본 영사관이 있는 용정 시내로 행진했으나 중일친선에 해가 될 것을 염려한 중국 군경의 총격으로 13명이 사망하고 30여 명이 부상당함으로써 해산되었다. 북간도 지역의 3·1운동은 서간도와 마찬가지로 용정촌 시위를 이어받아 화룡(양무정자)·연길(두도구, 16일)·훈춘현 등지로 퍼지면서 4월 초까지 지속되었다.

　러시아 연해주에서도 만세운동은 여지없이 전개되었다. 연해주 남부지역과 사할린 일대에서 독립을 요구하는 만세 시위운동이 전개되었다. 3월 16일 남사할린에서 100여 명으로 시작된 시위운동은 17일 니콜스크-우수리스크와 블라디보스톡에서 2만여 명이 참가한 가운데 독립선언서가 낭독되고 만세운동이 전개되면서 절정을 이루었다. 이러한 시위 움직임은 스파스크(3. 18, 500여 명), 녹둔도(4. 5, 1,000여 명), 구사평(4. 9, 약 200여 명) 등 한인 밀집지역으로 이어지면서 계속되었다.

3·1만세운동의 열기는 멀리 태평양 건너 미국 동부 필라델피아에서도 이어졌다. 1919년 4월에 개최된 제1차 한인회의(4. 14~16; 회의 의장 서재필, 진행 이승만, 정한경)에서는 서울에서 발표된 독립 '선언서'가 낭독되었고 '대한민국 만세'를 외치면서 회의가 시작되었다. 미 상원의원들과 필라델피아 시장(T. 스미스)이 축사를 하였다. 회의 마지막 날에는 150여 명의 한인들이 시장이 보낸 군악대 행진곡에 맞춰 2km 떨어진 미 독립기념관까지 태극기와 성조기를 흔들며 대한인의 독립과 자유를 외쳤다.

1919년 10월 30일 상해에서는 박은식 등 대한민족 대표 30명 연명으로 대한민족대표독립선언서를 발표하였다. 특징은 임시정부를 중심으로 겨레의 일치단결을 호소한 점으로 제2의 독립선언이라고도 불린다.

한국인의 저항운동에 놀란 일본은 총독을 바꿔 기존의 '무단통치'를 이른바 '문화통치'로 전환하여 한국인의 독립열기를 무마하려 하였다. 이를 간파한 대한국민노인동맹단의 강우규 열사가 1919년 9월 2일 오후 5시 남대문역 환영행사를 마치고 서울역을 떠나려는 총독 사이토를 태운 마차를 향해 폭탄을 던졌다. 비록, 신임 총독을 처단하려던 거사는 실패했으나 일제의 간담을 서늘하게 한 거사였다.

한국인의 항일 독립운동이 국내외에서 지속적으로 전개되었지만 그토록 바라던 독립은 이루어지지 않았다. 파리강화회의서 체결된 베르사이유 조약에는 승전국 일본의 식민지에 대해서는 민족자결권이 적용되지 않았기 때문이었다. 비록 한계는 있었지만 한국인들은 자주독립국에 대한 희망을 온 세계에 표출하였으며, 독립은 청원하여 주어지는 것이 아니라 투쟁하여 쟁취하는 것임을 깨달았다. 더욱 중요한 것은 보다 조직적으로 독립운동을 지도할 통일된 지도부, 즉 임시정부와 같은 최고 통치기관을 수립해 쟁취해 나갔다는 점이다.

3·1운동 이후 해외 각지에서 다양한 임시정부가 조직되었다. 1919년 3월 17일 러시아 블라디보스토크에서 만세시위가 있던 날 의회제 성격의 자치정부인 대한국민의회(大韓國民議會)를 선포하였다. 상해에서는 4월 11일 임시헌장을 발표하여 국무총리제 임시정부 수립을 선포하였다. 서울에서는 4월 23일에는 전국 13도 대표자들이 모여 이른바 '한성정부(漢城政府)'를 수립하였다.

여러 지역에서 다종의 임시정부가 설립되다 보니 통일된 운동지도부로서의 역할을 수행할 수 없었다. 난립한 임시정부는 하나로 통합되어야 했다. 제일 먼저 수립된 러시아령의 대한국민의회의 원철훈은 상해 정부의 안창호와 통합작업에 나서 기존 정부를 취소하고 한성정부를 정통으로 봉대(奉戴, 계승)하기로 합의하였다.

통합 임시정부의 임시헌법은 기존 상해 임시정부의 「대한민국임시헌장」을 개정하여 「대한민국임시헌법」으로 완성시켰다. 헌법에 따라 통합 임시정부는 대통령제로 전환되었으며 대통령 이하 국무원 각부 부장을 선출하였다. 통합 임시정부의 정부 각료가 인선되자 본격적인 활동에 들어갔다. 1919년을 대한민국 탄생 원년으로 정하고 9월 15일을 신정부 시정일로 선포하였다.

이 책은 러시아에서 3·1운동 80주년을 맞이하여 박보리스와 박태근이 공동으로 발간한 『러시아외교관의 시각으로 바라본 3·1운동』(1998)을 번역 발간한 것이다. 문서는 3·1운동과 직간접적으로 연결된, 즉 대한제국의 일제에 의한 병탄, 고종 황제의 죽음과 이를 계기로 한 3·1운동 그리고 그 이후 독립운동 전개과정을 망라하고 있다. 그 중심에 3·1운동이 위치해 있으며 식민통치에서 벗어나 자주독립국가를 쟁취하려는 한국인의 열망과 투쟁의 러시아외교관이 정리한 문서 속에 고스란히 담겨있는 것이다.

이 책은 벌써 20년 전 소개된 문헌해제 자료집이나 일부 연구자들 외에 일반에게 잘 알려지진 않았다. 특히 국내의 경우 언어적 제한 속에 러시아 측 연구 성과를 잘 알 수 없었다. 아쉬움이 컸다. 게다가 이 문헌해제된 자료는 러시아외교관 시각에서 3·1운동을 바라본 자료가 대량 포함되어 있어 3·1운동이 지닌 세계사적 의의에 비해 러시아 측 자료가 덜 소개되었던 한계를 보충해 준다.

일부 문서들이 모스크바에서 개최된 3·1운동 제80주년, 제90주년 기념행사에서 발표되었으나 본 역서의 원본에 수록된 문서를 활용한 것이었다. 즉 번역원본은 러시아학계의 3·1운동에 대한 주요 사료가 망라되어 있다.

이번 번역으로 이 같은 아쉬움을 덜고 더 나아가 당시 일제 식민통치에서 벗어나 독립을 갈망했던 한국인 애국지사들의 열정과 수고로움을 기렸으면 한다. 더불어 국내학계의 3·1운동 연구도 더욱 활성화되길 바란다.

짧은 시간임에도 출판사 '선인'은 역자의 급작스런 출판 제안을 잘 처리해 주었다. 윤관백 대표와 편집진의 전문성에 깊이 감사한다.

용산 삼각지 남산 자락에서, 미래의 민족공원을 그리며
심헌용

▎일러두기

1. 외국어 고유명사(인명, 지명, 역사용어 등)의 한국어 표기는 원음에 가깝게 표기하였다. 다만 널리 쓰이는 고유명사는 관례에 따랐으며 독자의 이해를 돕기 위해 흔히 통용되는 용어를 사용하기도 하였다.

2. 러시아어 발음대로 표기한 지명, 인명 등의 고유명사는 추정되는 단어를 각주 처리했으며 그 외에는 발음대로 표기하였다.

3. 러시아어 "КОРЕЯ"는 일반용어로는 한국, 한반도라 번역하였고, 역사용어로는 조선(1392~1897), 대한제국(1897~1910), (식민지)조선(1910~1945)을 사용하였다. 식민지 시기 한국을 조선이라고 불렀으나 당시 설립된 대한민국임시정부의 정통성에 따라 한국 혹은 임시정부를 혼용하였다. 해당 시기 한국인과 조선인을 혼용하였으며, корейский народ는 한민족, 한국 국민(민중, 백성)으로 번역하였다. 해외에 존재하는 한국(조선)인의 경우 한인이란 용어를 사용하였다. 학문적 엄밀성보다는 문맥 및 줄거리 이해에 무리가 없는 한 혼용하였다.

4. 이 책에 사용된 부호의 용례는 다음과 같다.
   ( ) : 인명, 지명, 숙어 등 해당 용어를 한데 묶거나 해설 또는 보충
   「 」: 본문 안의 법령, 명령, 자료집 등을 표시

목 차

역자서문 | 임시정부의 3·1운동 기억과 계승 / 5
일러두기 / 15

제1부 한국인의 독립투쟁사에서 위대한 3·1운동 시대　　　　19

제2부 러시아외교관 시각으로 본 3·1운동　　　　57

문서　　　　65
문서 No. 1 _서울 주재 러시아 총영사 류트쉬가 도쿄 주재
　　　　　러시아 대사 크루펜스키 V. N.에게 보낸 보고서. No 2. ·····67
문서 No. 2 선언서 ··101
문서 No. 3 하세가와 요시미치 총독 각하에게 드리는
　　　　　청원서(Петиция) ···105
문서 No. 4 서울 주재 러시아총영사 류트쉬가 도쿄 주재
　　　　　러시아대사 크루펜스키 V. N.에게 보낸 보고서. No 4. ·····108
문서 No. 5 서울 주재 러시아총영사 류트쉬가 도쿄 주재
　　　　　러시아대사 크루펜스키 V. N.에게 보낸 보고서 ··········114
문서 No. 6 서울 주재 러시아 총영사 류트쉬가 도쿄의
　　　　　러시아 대사에게 보내는 보고서 ···································120
문서 No. 7 1919년 3월 21일~5월 31일까지 여러 지역에서
　　　　　일어난 극심한 소요에 대한 사건일지 ·······················146

문서 No. 8 서울 주재 러시아 총영사 류트쉬가 도쿄 주재
         러시아 대사 크루펜스키 V. N.에게 보낸 보고서 ·········· 162
문서 No. 9 서울 주재 러시아 총영사 류트쉬가 도쿄 주재
         러시아 대사 크루펜스키 V. N.에게 보낸 보고서 ·········· 168
문서 No. 10 서울 주재 러시아 총영사 류트쉬가 도쿄 주재
          러시아 대사 크루펜스키 V. N.에게 보내는 보고서 ······· 172
문서 No. 11 서울 주재 러시아 총영사 류트쉬가 도쿄 주재
          러시아 대사 크루펜스키에게 보내는 보고 ···················· 181
문서 No. 12 서울 주재 러시아 총영사 류트쉬가 도쿄 주재
          러시아 대사 크루펜스키 V. N.에게 보내는 보고서 ······· 185
문서 No. 13 서울 주재 러시아 총영사 류트쉬가 도쿄 주재
          러시아 대사 크루펜스키 V. N.에게 보내는 보고서 ······· 188
문서 No. 14 서울 주재 러시아 총영사 류트쉬가 도쿄 주재
          러시아 대사 크루펜스키 V. N.에게 보내는 보고 ·········· 190

■ 부록 / 199
   Ⅰ. 2.8독립선언서 ··· 201
   Ⅱ. 선언서(기미독립선언서) ·· 207
   Ⅲ. 대한독립선언서(무오독립선언서) ······························ 213
■ 원저자와 그의 주요저작 / 219
■ 찾아보기 / 221

제1부

한국인의 독립투쟁사에서

위대한 3·1운동 시대

제1부 한국인의 독립투쟁사에서 위대한 3·1운동 시대

　제1차 세계대전의 종식과 1917년의 러시아 10월 혁명은 식민지 세계에 깊숙한 경제, 사회 그리고 정치적 충격을 불러일으켰고 반제, 반식민 대중운동이 중국, 인도, 터키, 이란, 아프가니스탄 등 동방의 여러 나라에서 전개될 근거를 제공하였다.
　제1차 세계대전이 끝날 즈음 한국에서도 반일 민족해방투쟁이 새로운 자기발전을 일으켰다. 1919년 3월 한국인 노동자들의 투쟁이 가장 높게 고양되어 전국에서 일본 식민통치 반대운동인, 한국 역사에서 3·1운동으로 유명한 대중적 국민봉기가 전개되었다.
　1919년 3·1운동은 앞서 전개된 모든 해방운동의 발걸음이었고 점진적으로 축적된 힘으로 준비되었다. 1910년 8월 일본이 한국을 병합한 초기와 운동 전야에 심각한 충격이 가해졌다. 반식민주의 투쟁이 첨예화된 주요 원인은 일본의 민족적 박해와 착취 증가, 토지 및 천연자원 약탈, 민족자본의 활동에 제약 등이었다. 반일 분노가 폭발하기에는 덜 성숙되었던 상황을 촉발시킨 것은 한인 망명가들 사이에서도 일본과의 자본주의 경쟁국, 특히 미국의 지원을 받는 민족해방 지도자의 계산과 관련된 사건들이다. 제1차 세계대전 이후 가장 주목을 받는 사건은 미국대통령 윌슨(Thomas W. Wilson)이 언급한 '14개조'와 파리강화회의(1919~1920)와 베르사이유 조약체제로 구축된 국제연맹(LN; Лига Наций)의 창립들이다.
　윌슨의 '14개조'에는 한국을 직접 거론하지 않았다. 그러나 많은 한인 민족해방운동가들은 미국 대통령의 약속을 식민지 민중의 주권문제를 공정하게 해결해 줄 것으로 믿었고 순진하게도 파리강화회의가 한국에게 독립을 가져다 줄 것으로 믿었다. 그렇기 때문에 수많은 반일 단체들이 파리로 대표단을 파견하였다. 이 방면으로는 최초로 대표단을 파견한 단체로 '대한인국민회(Корейское национальное общество)'로서 1905년 한국에서 반일 사회단체로 결성되었다. 그러나 대표단원은 체포되었고 그들이 모은 자금은 몰수되었다. 제정러시아와 임시정부를 대표했던 서울 주재 러시아총영사 류트쉬(Я. Я. Лютш)는 "우선적으로 유럽에서 전쟁이 끝남에 따라 파리회의(Парижская конференция)에 특별 한인대표단을 보내 노예상태의 한국에 관심을 두어 독립을 쟁취해야 한다는 막연한 소문이 돌았다. 한인들 사이에서 대표단을 파견할 자금을 모았다. 중국에서 발행된 신문에는 첫 번째 시도가 마비되어 위에 언급했던 대표단원이 체포되었고 모금했던 5만 엔 규모의 자금을 빼앗겨 새로운 위원회가 상기 목적을 달성하기 위해 조직되었다는 소식이 전해졌다."[1]

1918년 말 파리강화회의(Парижская мирная конференция)로 미국에서 활동하는 '대한인국민회' 대표를 파견하기로 결정하였다. 그러나 미국 당국은 대표단원이 미국을 벗어나 출발하는 것을 허락하지 않았다. 다만 윌슨은 '대한인국민회'가 한국 해방에 대한 협력과 국제연맹 회원으로의 가입을 지원해 달라는 요구를 거부하진 않았다. 파리에 있던 미국대표단은 상해에 온 '신한청년당(Молодежный союз Новой Кореи)' 대표단과의 만남조차 거부하였다.

---

[1] Донесение российского генерального консула в Сеуле Лютша российсокму полсу в Токио Крупенскому от 31 го марта 1919 г. No. 2 ; Государственный Архив Российской Федерации(далее ГАРФ). Фонд 200. Опись 1. Дело 535. Листы 43-44.

미국 국가정보국(CIA, Информационный государственный департамент США)은 "한국 병합은 전쟁이 낳은 문제가 아니며 … 파리회의가 한국요구를 청취하도록 정하도록" 할 수도 가능성도 없다고 미국대표단은 보았다.[2]

1919년 3월 '대한국민의회(Корейский национальный совет)'[3]가 고창일(Ко Чанъиль)과 윤해(Юн Хэ)를 파리회의에 대표단으로 파견하기로 하였다. 고창일과 윤해는 블라디보스토크를 떠나 옴스크로 향했고 편지를 들고 콜차크 부대의 최고사령관에게 갔다. 그 편지 속에는 파리로 계속 가기 위해 전선을 통과하게 해 달라는 요청이 있었다. "현 시점을 고려해 보건데 세계대전에서 벗어나 강화회의에 참가하려는 문제로 대한국민의회는 직접적인 임무로 조국 국민의 의지를 표출하는 것으로 삼았다. 문명세계 사람들 앞에 일본 압제의 고통을 드러내고 현재 아픈 상처를 밝힘으로써 한국의 독립회복을 정당하게 요구하는 것이 그것이다. 이상의 목적을 설명하기 위해 대한국민의회는 우리를 강화회의 대표로 파견하였다. 우리에게는 프랑스로 가는 두 가지 길이 있는데 일본을 거쳐 바다로 가는 길과 러시아를 거쳐 육지로 가는 길을 선택할 수 있다. 바다로 가는 건 아름다운 몸짓(편한 겉치레)이나 4천여 년의 역사를 지닌 2천만 대한 국민이 생각 못할 일이고(не дремлет) 일본의 수중에 떨어지는 길이다. 아니면 모든 어려운 난관을 극복하고 러시아를 거쳐 우리에게 앉혀진 위중한 임무를 완수하는 것이다. 우리는 두 번째를

---

[2] Russel H. Field, Woodrow Wilson and the Far East, The Diplomacy of the Shantung Question, NY, 1952, p. 206.

[3] 필자주-1917년 5월 제1차 전러 한인사회단체대표자대회가 발족한 조선국민의회는 1919년 3월 전로한족중앙총회 제1차대회에서 대한국민의회라 명명되었다.(역자)

선호하였다. 우리에게 확신이 있었던 것은 러시아가 여전히 발끝에서 머리까지 우리들 일에 동정하리라는 것이다. 우리는 이 방법만이 프랑스로 갈 수 있다고 알고 있다. 대한국민의회 역시 러시아가 대외정책 분야에서 우선적인 일로 한국의 광복을 돕고 이 경로를 재가할 것으로 믿는다."

편지 말미에 고창일과 윤해는 사령부 대표가 "전선 경유에 공식적 성격을 부여해 주지 않고 그들의 요청을 접하여 상응한 지시가 내려지길 희망한다"고 썼다.[4] 그러나 콜차크 당국은 고창일과 윤해가 "볼셰비키 전선을 거쳐 강화회의"에 가는 것을 거부하였다. 한인 전권대표들에게 보인 이 같은 반응은 한국에서 전개되고 있는 반일운동을 바라보는 러시아 최고 통치기구 대표자가 갖고 있는 일반적인 시각에 기인한다. 이 문제와 관련하여 내각 총국 수킨(Управляющий министерством Сукин)은 "외무부는 점증하는 한국의 민족운동에 완전히 중립적 관계를 지닌 시각으로 규정하고 있다. 한국인 입장에서는 우리의 협조나 후원에 의존하려는 열망, 즉 러시아 국적 취득 청원이나 러시아 군대에서의 근무, 한인대표단의 볼셰비키 전선 경유 그리고 강화회의 참석 등이 표출될 것으로 인지할 것이다. 이 모든 요청은 모두 거절되었다."[5]

민족해방과 한인 민족의 발전과 번영 그리고 자유, 정의 그리고 평화에 기반한 새로운 한국민의 국가 창설에 대한 희망은 파리강화

---

4) Доклад членов Корейского Национального Совета Гочанир и Юнхай, делегированныз на Мирную конференцию, Омск, 15 марта 1919 г - ГАРФ. Фонд 200. Опись 1. Дело 535. Листы 166-167.

5) Телеграмма временно управляющего Министерством иностаранных дел Сукина послу в Токио Крупенскому от 21 марта 1919 г. - ГАРФ. Фонд 200. Опись 1. Дело 535.

회의와 윌슨의 '14개조' 그리고 1919년 초 도쿄에서 조선유학생이 설립한 비합법 반일단체인 '조선독립청년단(Молодежный союз независимости Кореи)'과 연계되어 있다. 조선독립청년단은 파리로 「독립선언서」를 보냈다.

파리강화회의는 한국인 애국지사들의 요구에 주의를 기울이지 않았다. 그렇기 때문에 조선혁명 단체는 파리강화회의 주최자들의 위선을 폭로하였다. 1919년 4월 블라디보스토크에서 개최된 한인사회당(Корейская социалистическая партия) 대회 결정문에는 "그렇기 때문에 베르사이유 강화회의에서는 연합국(держав Согласия) 대표들이 승리의 과실을 분배하고 잔여 세계를 청산하기 위해 모인 것이다. 소수인구의 피억압민족문제는 이 회의에서 사소한 소수자문제였으나 그들의 정당한 요구가 만족스럽지 못할 것임에는 의심의 여지가 없다." 그러한 운명이 한국문제(корейский вопрос)로 기다릴 것이다.[6]

자본주의 열강의 도움으로 독립을 얻을 것이라는 염원이 공허한 것임을 확인한 한인 애국지사들은 한국문제(корейский вопрос)를 자신의 수중에 서있는 문제로 직접 다루겠다고 결정하였다. 1919년 2월 서울에서 반일 종교정치 단체인 '천도교(천상의 길에 관한 교리)' 교주 손병희를 필두로 조선독립운동을 조직할 본부(Инициативный центр (штаб))가 구성되었다. 손병희는 독립선언서를 작성하기로 결정하고 2만 부를 천도교 인쇄소(보성사 - 역자)에서 발행해 한국의 주요 도시와 군에 배포하였다. 그리고 독립선언서를 낭독하고는 평

---

[6] Пак Диншунь, Социалистические движения в Корее, Коммунистический Интернационал, 1919, No 7-8, с. 1174.

화적인 반일 시위를 열기로 결정하였다.

「선언서」는 "여기에 우리 조선이 독립된 나라이며 조선사람이 자주적인 국민임을 선언한다. 문장마다 심오한 사상을 담아 세계 각국에 호소하면서 우리는 모든 민족이 평등하며 우리와 우리 동포가 지금부터 후손 만대에 법률적 권리를 누릴 수 있도록 노력할 것임을 확인하였다." 이 같은 문장으로 시작된 「선언서」는 33인의 한민족 대표자들이 서명하였다. 이 선언서의 말미에는 행동규칙으로 "전 국민의 명의로 채택한 공약 3장"이 적혀있다.[7]

"1. 오늘 우리가 선언서로서 천명한 거사는 정의, 인도, 생존, 번영을 희망하는 우리 동포의 염원이다. 우리는 오직 자유의 정신에 근거하여 배타주의로 나가지는 않는다.

2. 모두 각자 언제 어디서나 민족의 정당한 의지를 공개적으로 밝힌다.

3. 우리는 모든 행동에서 어디나 어디에서나 우리 요구가 정당하도록 질서를 지킨다.

나라를 세운 단기 4250년 3월 1일
조선민족의 이름으로

손병희(Сон Бёнхи), 길선주(Киль Сонджу), 이필주(Ли Пхильджу), 백용성(Пэк Енсон), 김완규(Ким Вангю), 김병조(Ким Бёнджо), 권동진(Квон Донджин), 권병덕(Квон Бёндок), 나용환(На Ёнхван), 나인협(На Инхёб), 양전백(Ян Чонбэг), 양한묵(Ян Ханмук), 이갑성(Ли Гапсон), 이명룡(Ли Менрён), 이승훈(Ли Сынхун), 이종훈(Ли Яонхун), 이종일

---

[7] См. : Вера и жизнь Московский культурный центр "Первое марта". 1996. No 3. C. 26-28.

(Ли Чониль), 임예환(Лим Иехван), 박희도(Пак Хидо), 박동완(Пак Тонхван), 신홍식(Син Хынсик), 신석구(Син Сокку), 오세창(О Сечан), 오화영(О Хваён), 최성모(Чхве Сонмо), 최린(Цой Рин), 한용운(Хан Енун), 홍병기(Хон Бёнги), 홍기조(Хон Гиджо), 김창준(Ким Чханджун), 유여대(Ю Йодэ), 박준승(Пак Чунсын), 정춘수(Чон Чхонсу)"

대한제국 황제였던 고종의 장례일인 3월 3일을 며칠 앞 둔 1919년 3월 1일, 서울 파고다 공원에서 있을 장례식이 공고됨에 따라 서울과 평양, 의주, 진남포, 원산, 안주 그리고 여타 한국의 중부와 북부 지방 도시에서 수없이 합류한(약 4천 명) 농민, 학생, 교사, 근로자 그리고 상인 등이 독립달성이란 명목으로 반일운동 혁명가들의 평화적 시위를 호소한 데 호응하여 "대한독립만세", "일본인은 자국으로 물러나라", "한국은 한국 국민에게 속한다"라는 구호하에 대중 시위와 집회를 준비하기 시작하였다.

곧이어 반일 봉기는 조선 남부지역에로 퍼져 나갔다. 조선에서 벌어진 그날의 사건들을 목격한 부산 주재 러시아 부영사는 1919년 3월 20일 다음과 같이 보고하였다.

"3월의 초기 나날은 한국의 중북부 지방을 뒤흔들어 놓은 독립운동이 점차 남쪽 지방으로 전파되었다가 최근에야 멈추어 섰다. 제가 수집한 정보에 따르면 남쪽지방에서 벌어진 운동은 서울이나 북부지방에서 전개된 사건보다는 덜 긴장된 상태로 움직였다. 그러나 이 운동은 종결되었다고 보기에는 시기상조다. 매일같이 봉기가 남쪽 지방의 어느 한 곳에서 일어난 후 다음 곳에서 계속 일어나고 있다."

특히 부산 근방에서는 아직 평화적 형태인 시위나 태극기 집회로 조선의 독립을 염원하는 "만세" 외침 등이 진행되고 있다. 남녀 학생들로 구성된 시위대의 주요 참여자들은 체포되거나 태극기를 몰수당했다. 경상남도의 다른 지역, 즉 마산포(Масанпхо), 미주예(Мицуйе), 함안(Хоман), 진주(Чинджу)에서는 시위운동이 변방에서 많은 사람이 모이는 장날에 시작되었다가 보다 심각한 규모로 발전하였다. 일반적으로 그같이 대규모 무리가 모이는 곳에서는 경찰 초소만이 아니라 교정기관 등으로 돌멩이와 같은 물건들이 투척되었다. 이같이 유사한 일이 일상적으로 벌어지자 다양한 소문이 도시 전체에 퍼져 일본사회 여론을 자극하고 지도부에 작금의 운동이 결코 '천도교'와 같은 종교단위에서 벌어지는(아마도 정치단체) 일이 아니라 미국 등의 외국 선교사들이나 토착민, 선교사, 교사 등 종교적 임무를 지닌 자들이 벌인다고 왜곡하였다.

 그러한 인물들에게는 현지 여론과 언론이 극도로 경계를 보이고 서울로부터 어떠한 해명도 이루어지지 않은 상태여서 일본인 주민에게 드러낸 명명된 사람들에 대한 불신과 흥분감이 동요하고 있는 상태다. 부산에서는 이미 2명의 선교사들이 경찰에 예방 검속에 잡혔다가 석방될 예정이다.[8]

 대중적 반일 봉기는 건너뛰는 날이 있어 일반적으로 계산하기 어렵지만 최근 몇 달 사이에 2백만 명 이상이 참가하였다. 1919년 5월 9일 콜차크 정부의 외무부 4국이 식민지조선과 일본으로부터 접수한 정보를 근거로 콜차크군 최고사령부에 다음과 같이 보고하였다. "한국에서의 소요는 여러 지방에서 계속 발전하고 있다. 서울에서는

---

[8] Копия донесения российского вице-консула в Фузане российского посольства в Токио от 20 марта 1919 г. за No 101. ГАРФ. Фонд 200. Опись. 1. Дело. 535. Лист 147.

일본 당국이 가혹한 조치를 취한 결과 무질서가 잦아들었다. 일본에서 차출된 병력이 6개 대대와 400명 규모의 경비대가 도착하였다. 일본의 공식 정보에 따르면 운동 초기에서 4월 10일까지 무질서를 진압하는 과정에서 361명의 한인이 죽었으며 860명이 부상당했다. 경찰과 경비병 중 9명이 사망하였고 109명이 다쳤다. 개인적 자료에 따르면 사망한 한인들 수는 그보다 훨씬 많을 것이라 하였다."9)

이와 관련하여 사건의 전모를 보여주는 보고서가 1919년 9월 15일자 류트쉬의 보고가 있다. "금년 3월 달에 시작된 소요는 8월에 가서야 조용해 졌으나 완전히 소멸되었다고 보긴 어렵다. 불만이 공개적으로 드러나지는 않았으나 의심할 여지없이 지금까지 계속되고 있으며 어떤 형태의 용이한 계기가 있다면 심각한 단계로 타오를 것이다. 일본 당국에 불만족스런 집단이 분명히 외국, 특히 미국 등의 한인 망명가 집단 사이에 존재한다. 신문 정보에 따라 보더라도 해외 망명가들은 한국문제를 해결해 줄 것을 강력히 요구하고 있으며, 동시에 타국 정부의 지배하에 있는 소수민족의 운명을 해결해 달라고 요구하고 있다. 한국인 애국지사들은 아일랜드의 상황과 비교하며 유럽과 미국의 영향력있는 집단에 힘을 실어 줄 이들 망명가들이 한인 민족주의자들의 모범이 될 수 있다고 조선의 "해방"이란 완전히 적기이며, 벌써 10년 이상 타국의 지배하에 비극적으로 고통받는 국민들에게 의심할 여지없이 정당할 것이다."10)

일본 점령자들은 3·1운동을 피로 물들이기 시작하였다. 약 8천

---

9) Там же. Листы 150-150 об.

10) Донесение российского генерального консула в Сеуле российского послу в Токио Крепенскому. Сеул, 15 сентября 1919 г. - АВПРИ. Фонд "Генеральное консульство в Сеуле". Опись. 766. Дело. 365. Лист 1-7.

명의 한국인이 사망했으며 거의 1만 6천 명이 부상당했고 5만 3천여 명이 체포되었다. 760여 채의 가옥, 47개소 교회당 그리고 2개의 학교가 불탔다.

 3·1운동 참가자들의 영웅적인 투쟁은 패배로 끝이 났다. 그러나 일본 제국주의자들이 식민지배를 부분적이나마 자유주의 형태로 나가도록 하였다. 이를 '문화통치기(эра культурного управления)'라 부르며 여러 제한적인 개혁조치들이 도입되어 한인부르조아지들의 활동영역을 넓혀 주었다. 일본 현의 지방의회가 입법기관 형태로 설치되기도 하였다. 식민지조선인들에게 '정치적 권한'을 제공한다는 공표도 있었다. 이때부터 식민지조선에는 노동자, 청년 그리고 여러 사회단체들이 생성되었고 조선인 신문이 발행되었다.

 일본 총독이 제정한 「언론자유법」과 「단체자유법」에 관한 법령이, 비록 애국세력의 합법적 활동을 보여주는 특정한 변화가 있긴 하였으나 과거 존재했던 상황을 근본적으로 변화시킨 건 아니었다. 식민지조선 언론은 엄격한 일본 경찰의 통제하에 놓였다. 게다가 일본인 출판물이 넘쳐났다. 1919년 말 식민지조선에는 일본 출판물이 60여 종이나 간행되었고 민족해방사상과 이념투쟁을 벌였다.[11]

 3·1운동이 전개되면서 블라디보스토크, 상해 그리고 서울에 임시정부가 3개 수립되었다. 그중 가장 중요했던 것은 상해 임시정부로서 의정원(Корейский Национальный Конгресс)이 대한민국을 수립하고 대한민국임시정부 내각을 조각했다고 선언하였다.[12] 대한민

---

[11] См. : История Кореи(с древнейших времен до наших дней) Том 2, М. 1974, - С. 56-58.
[12] 역주－상해 임시정부는 1919년 4월 10일 전국을 대표하는 의정원 의원들이 모여 밤새 대한민국헌장을 만들어 11일 아침 10시에 발표함으로써 수립되었다. 그 후 각료를 인선하여 4월 23일 조각이 완료되었음을 선포하였다.

국의 대통령은 이승만이었다.13) 각료로는 상해와 만주 그리고 러시아(대한국민의회)의 대표자들인 이동휘(Ли Дон Хви), 이동녕(Ли Доннёль), 이시영(Ли Сиён), 김규식(Ким Гюсик), 박은식(Пак Ынсик), 문창범(Мун Чанбом), 안창호(Ан Чанхо) 등이 입각하였다. 정부각료로 차관 자격으로 조완규(Чо Ванкун), 조성환(Чо Сонхван), 안경근(Ан Генкин) 등 대한국민의회 대표자들이 참가하였다.

임시정부는 대한민국의 헌법을 채택하였다. 대한민국은 대한민국에서 권력이 국민에게 있다고 선포하였다. 정부의 특사들(эмиссары)이 대한민국 혁명군 (кор. рев. армия)을 조직하고 소비에트러시아, 미국 그리고 중국의 한인들 사이에 빨치산 부대를 만들어 훈련시킬 자금모금을 광범위하게 전개하였다. 정부 내의 민족주의 성향의 각료들에게 소비에트정부, 볼셰비키와 모종의 동맹(союз)을 맺으려는 생각(идея)에 부정적으로 대했음은 잘 알려져 있다. 대한민국의 정보국(информационная служба Кор. республики)은 일본 언론이 마치 소비에트러시아와 대한민국임시정부 사이에 실제 동맹관계에 있는 듯 쓴 허구를 제거해 버렸다. 이와 관련하여 하나의 사례가 있다. 일본 신문 『오사카 아사히』는 1920년 10월 10일자에서 "조선인과 러시아 정부가 공격과 방어에 관한 동맹회담을 나눴다"고 보도하였다. 보도문에는 다음과 같이 추정된 조약 내용이 담겨있다.

"1. 대한민국정부는 공산주의 원리를 받아들이며 그들의 성취를 위해 선전활동한다.
2. 소비에트정부는 아시아의 평화가 최종 구축될 때까지 조선인의

---

13) 역주－이승만이 대통령에 임명된 것은 통합정부가 수립된 1919년 4월 23일의 일이다. 그러나 그 이전에는 국무총리였다.

독립활동을 지원한다.
3. 조선인부대는 시베리아에 결집해 부대를 결성할 수 있으며 식량과 의복 등을 소비에트정부로부터 공급받는다.
4. 시베리아에 있는 조선인부대는 소비에트러시아가 임명한 러시아 장교의 지휘를 받으며 소비에트 군과 미래의 항일작전에 협력한다."14)

대한민국임시정부 정보국(информационная бюро ВПКР)은 일본 신문의 보도내용을 논박하기 위해 'North China Press'에 일본 언론의 보도는 '거짓 소문'이라고 특별성명을 게재하였다.

"일본의 외교정책의 전술을 아는 모든 이는 당연히 최근의 일을 기억할 것이다. 볼셰비키가 러시아에서 정권을 잡기 직전 일본은 한국인을 모든 면에서 부적당한 사람들이라고 묘사하였다. 지금은 일본인이 볼셰비키가 열강들 사이에서 흥이 나지 않다는 것을 알아채고는 모든 힘을 써서 한국인들이 볼셰비키가 되는 것을 막고 있다. 이미 맨 처음부터 1919년 3월에 전개된 한국인들의 독립운동은 일본인이 모스크바와 관계를 맺거나 볼셰비키들이 쓰는 강제적 방식을 쓴다고 일본인에 의해 분류된 일이 많아졌다. 그러나 현실에서 어쩔 수 없는 것은 볼셰비즘이나 또 다른 이즘(ism)이란 것이 조선에서 그리 큰 성공을 거두지 못했다는 점이다. 거의 조선인 90%는 토지노예들이며 노동자문제는 거

---

14) Корея и большевики. // Бюллетень Дальневосточного секретариата Коминтерна. - 1921, No 4. - 17 апреля. - С. 6-7. 대일조로공수동맹이라 알려졌다. 필자박 보리스는 그 후 2006년에 발표한 『СССР, Коминтерн и Корейское освободительное движение 1918-1925』에서 한형권의 4개조 요구안을 러시아외무성 대외정책문서보관소에서 찾아 소개하면서 러시아와 임시정부의 공수동맹 가능성을 열어 두었다. 윤상원, 『러시아지역 한인의 무장투쟁연구(1918-1922)』, 고려대 박사학위논문, 2009, 150쪽.(역자)

대한 산업국가에서 존재하는 사상이어서 조선 내 사회와 공장 생활에 전혀 역할을 하지 못한다. 칼 막스의 이론 전체는 역사적 전망 앞에서 인간적 조심성이 퇴색되어지고 조선에서 불행한 토양만 찾게 된다. 노동, 자본과 같은 문제들은 한국인 주민들을 흥분시키지 않으면 확신할 수 있을 것이다. 현재 모든 사람들에게 가장 중요한 하나의 문제는 독립에 관한 문제다."15)

성명을 발표하면서 볼셰비키러시아와 관계를 정립하기 위한 객관적 조건은 부정적이다. 동시에 성명을 작성한 기초자들은 "당연하게도 한국인을 독립회복투쟁으로 이끌고 있는데 소비에트 정부가 도움의 손길을 뻗친다면 물론 한인들은 이를 거부하지 않을 것이다. 그러나 우리는 서면이자 구도 그 어떤 방식에서도 소비에트 당국과 그 어떠한 협정관계에 있지 않을 것이며 한인들이 소비에트정부와 마치 관계가 있었던 것처럼 소문이 난 것은 분명 거부해야 한다."16) 이 성명은 1919년 12월 20일에 있었다. 그런데 1921년 소비에트정부는 대한민국임시정부의 반일투쟁 조직을 지원해 달라는 요청을 들어주었다. 소비에트정부 외무인민위원은 대한민국임시정부에 한 번은 40만 루블, 그 다음엔 20만 루블의 금화를 지원했던 것이다.

* * *

식민지조선에서 3·1운동이 발생되었다는 소식이 어렵게 러시아 영토에 전달되어 퍼져나갔다. 당시 러시아에는 내전과 반간섭투쟁

---

15) Там же. - С. 7.
16) Там же.

이 거세게 일어나던 시기였다. 예카테린부르크에서 발행되는『우랄의 삶』(Уральский жизнь) 신문은 1919년 3월 22일자 호에서 '조선과 동맹국'이란 기사로 조선인의 주권회복투쟁을 전개하는 이유와 파리강화회의에 관심을 두었다. 신문은 "모든 소수의 예속된 국민이 독립에의 열정과 운동을 한결같은 마음으로 전개하는 쉬운 일이 아니다. 이미 수백 년 동안 자신의 자주성을 상실한 소규모 슬라브 민족은 세계 곳곳에서 완전한 주민으로서 명령을 내릴 수도 있는 열강 동맹국들로부터 하등의 반대나 제약을 받지 않으며 독립을 다시 회복할 수 있을 것이다. 바라지도 간청하지도 않았던 일이 최근 몇 년 전에 일본의 통치 속으로 떨어졌던 한국인들에게 일어났다. 그들에게 자결권과 독립된 국가의 생존권이 아무런 증거자료도 없이 거부되었다. 그 같은 상황은 강자의 권리에 따라서만 권력을 세탁해 버리는 모종의 국가와 이러저러한 예속관계에 놓이길 원치 않는 민족에게 속하는 일이다."『우랄의 삶』신문은 베르사이유에서 한국인 애국지사들이 품었던 꿈이 왜 쓸데없는 희망이었는지를 제대로 질문하고 있다.

"한국인들은 어쩌면 베르사이유 강화회의에서 한국인들이 간청을 하면 일본으로부터 떨어져 독립을 얻을 수 있다고 본 것인가? 마치 오스트리아와 독일계 슬라브 민족들처럼 한국을 자신들의 정치, 사회체제를 갖춘 완전한 자유가 보장된 자주국가로 인정받을 수 있다는 것인가? 이에 신문은 스스로 답하였다. 한국인과 슬라브인(체흐, 크로아티아, 슬로베니아, 폴란드 등)의 상황은 하나의 근본적으로 다른 게 존재한다.

슬라브민족은 자신을 패전국 오스트리아-헝가리, 독일로부터 독립하겠다고 선언하였다. 한국인들은 승전국인 일본으로부터 독립을 희망하여 그러한 강대국들에게 자신의 독립과 자주를 인정해 달라고 호소하고 있다. 강대국 5개국 중 몇 개국이 한국의 편에 서겠는가? 이들 국가는 누구인가? 일본은 당사국으로서 투표를 거부할 것이다. 영국은 지금까지도 일본과 동맹을 맺고 있고, 비록 비공식적이라도 실제 극동지역에서 공동의 이익이 변하지 않는 한 세력관계에 남아있으며 앞으로도 그럴 것이다. 프랑스는 지금 영국과 함께 고민하고 말하며 행동할 것이다. 오로지 미국만이 일본의 경쟁국으로 한국 편에 설 수도 있다. 일본은 선도국가로서, 심지어 지금까지도 인류 공동의 평화와 국제연맹 조직문제에 평화적 태도를 취하지 않고 있다.

만일 한국의 독립문제가 일찍 제기되었다면 러시아가 미국에 가담했을 수도 있다. 그러나 러시아는 현재 세계열강 대열에서 벗어난 상태이고 독자적으로 승전국으로부터 고립되어 있을 뿐만 아니라 열악한 상태에 놓여 있다. 러시아 치하에 있는 소수민족 그 어느 누구도 러시아와 함께 하려 하지 않는다. 아마도 지금 이 순간은 독립인정을 요구하고 항변하지 않을 뿐이다."

『우랄의 삶』 신문은 "일본을 상대로 봉기하여 목소리를 낸 한국인들이 지금과 같은 세계 강대국 사이에서 자신의 고립감을 고려했겠는가? 그렇다. 고려했겠지만 침묵하고 있다. 왜냐하면 말하기 시작하지 않으면, 발언 이후 실행으로 옮기지 않을 경우 이는 이미 아무것도 아무런 일도 아닐 것이기 때문이다." 기사는 파리에 와 있는 선진 열강들의 정책을 평가하며 끝내고 있다.

위에 언급한 러시아로 접근하기 어려운 현 상황에서 조선에 반일 봉기가 벌어졌다는 소식은 매우 주목할 만한 일이다. 하얼빈 신문 『삶의 소식』(Новости жизни)은 1919년 3월 19일자에서 주요 사건을 다루면서 1919년 3월 3일 고종 황제의 장례를 진실하고도 충실하게 기술하였다. 장례식을 계기로 한국 해방운동 지도자들은 반일 대중 시위를 서울과 여타 도시에서 개최하였다. 신문은 "일본인은 높은 경의를 지니며 한국의 왕의 장례를 치뤘다."고 쓰며 그의 죽음으로 "독립된 한국 역시 함께 무덤으로 들어갔으며 조선 왕관을 강요하기라도 한 듯한 모든 불안 요소가 사라졌다. 돌아가신 왕의 후계자나 다른 한국 왕족의 왕자들은 전혀 악의를 갖고 있지 않거나 일본 문화에 영향을 받거나 교육을 받아 일본인들이 아무런 문제없이 지낼 수 있기 때문이다."『삶의 소식』은 "한국인 사이에서 그리고 한국 민족 사이에서와 마찬가지로 지금까지 과거 자신들이 지니고 있던 자치를 영원히 박탈당했다는 생각에 도저히 굴복할 수 없다. 한국인들은 도저히 일본 지배세력과 화해할 수 없다. 한인 애국지사들은 언제나 피곤한 줄도 모르고 고국 한국의 부흥을 굳건히 선전하고 있다. 이들 애국지사들은 용감하게 자신의 사업을 조직하고 있는데, 그중 가장 활동적인 특파원들이 유럽만이 아니라 미국, 일본, 시베리아 그리고 심지어 베르사이유에서도 활동하고 있다."

하얼빈 신문『삶의 소식』은 "어떠한 애국지사들이 노력을 했는지, 얼마나 많은 한인 투사들이 피를 흘렸는지 모르지만 한국의 운명은 명약하며 불변할 것이기에 반일 봉기가 승리할 것이라고 믿진 않았다. 그러나 신문은 이들의 영웅적 투쟁에 호감을 표시하였다. 지금 현재 최근 입수된 정보에 따르면 한국 전역에 봉기가 일고 있어 조용한 시골구석이 없을 정도다. 조용하고 겸손한 한국인들이 돌발적이고 혁명적 분위기를 지닌 상태가 된 것이다. 이들은 방어물을 치며 용감하게 한국독립을 위한 절망적이고도 의심쩍은 투쟁에서 죽어가고 있다."

블라디보스토크에서 발행되는 신문『우리 여명』(Наша заря)은 1919년 4월 3일자 호에서 "조선 봉기에 붙여"라는 기사를 게재하였다. 그 기사는 주요 사건으로 도쿄에서 돌아와 서울에서 열린 학생 회합에서부터 3·1운동을 조망했는데, 이들은 "일부 유명 한인사회 단체 대표들과 함께 체포되었다." 그 외에도 기사에는 47명의 학생들이 "무장봉기를 호소"하다가 체포되었으며, 어느 도시는 "봉기한 한인 난동꾼 수중(в руках корейскойчерни)"에 놓이기도 하였다. 그 도시는 일부 주민들이 사정없이 구타를 당하여 "일본 군당국의 명령에 따라 보병연대가 진압차 파견되기도 하였다." 신문이 전하길 서울에서 '강도', '약탈자'라 소리치는 무리가 교통부장관이나 다른 일본인 고관이 도시 간선도로를 따라 자동차로 이동할 때 돌을 던지기도 하였다.

이처럼 1919년 한국에서 3·1운동이 전개되었을 때, 극동과 시베리아의 러시아 신문 지상에는 주요 사건들이 즉각 기사화되었다. 한국 민중들의 용감한 투쟁은 소비에트러시아의 한국과 러시아 노동자들 간의 뜨거운 동정과 연대를 불러 일으켰다. 『프라우다』는 한국에서 벌어진 시위 개시 소식을 접수하자마자, 처음에는 실수로 마치 '무질서'를 일으킨 것으로 평가했지만 곧바로 반향을 보여 주었다. 1919년 5월 4일자에는 "한국에서의 무질서"라는 기사가 올랐는데, 이는 서방 언론의 보도내용을 인용하면서(도쿄에서는 한국 내 봉기 소식을 기사로 다룰 수 없었다.-필자) "한국에서 새로운 무질서가 벌어졌고 그 이후 곧 한국에 파리회의가 한국의 독립을 마치 승인한 것 같은 의견이 퍼졌다"고 적었다. 군사적 조치들이 진행된 이후 충돌이 이어져 상당수 희생자가 수반되었다.[17]

1919년 5월 17일 『프라우다』는 "한국에서의 혁명운동"이란 제하의

---

[17] Правда. - 1919. - 4 мая.

기사를 실었다. "극동에서 도착한 동지들이 대규모 혁명운동을 전개하였고 한국에서 시작되어 매일 더욱 심하게 타오르고 있다." 많은 지역에서 빈농소비에트가 조직되었고 관리들을 제거하고 각 행정기관에서 지켜야 할 의무와 원칙들을 채택하였다. 일본 언론은 "노예봉기"라 부르며 조선혁명운동이 성숙했음을 말하고 있다. 그러나 바로 이 신문에서 쉽게 볼 수 있는 것은 일본인들이 사건에 매우 놀랐고 한국으로 군사력을 보내 혁명을 진압하도록 하였다.[18]

일본의 잔인무도함에 격노하여 비난한 내용이 『전러중앙집행위원회 회보』(Известия ВЦИК) 신문 기사줄에 울려 퍼졌다. "엄격한 검열 때문에 어느 누구에게도 체포된 자들의 혹독한 생활조건, 사정없는 구타로 사망한 어린 중학생에 관한 내용이 전혀 알려지지 않았다. 13살 어린 여아를 강간하고 몰살시킨 얘기도 마찬가지였다. 모든 잘못은 한국독립을 기리는 선언식에 참석했다는 데 있었다. 체포되어서도 감옥 창살을 통해 "대한독립만세"를 계속 외쳤으며 이로 인해 다시 몰매를 맞고 그들을 치료하길 거부한 일본 의사들의 한결같은 시선 속에 죽어갔다."[19]

한국 애국지사들의 영웅적 투쟁에 마음 깊숙이 동정을 한 소비에트, 당 활동가 블라지미르 빌렌스키(시비랴코프)(Вл. Виленский, Сибиряков)는 소비에트 언론에 기사를 써서 이를 표현하였다. 어느 한 기사에는 "일본 제국주의자들은 아직 자신을 철과 피로써 독립을 염원하는 한국 민중의 두뇌 속에서 치울 수 있다고 믿는 것 같다"고 적었다. 그러나 우리에게는 눈앞에 모든 근거가 있어 확신하건데,

---

[18] Правда. - 1919. - 17 мая.
[19] Известия ВЦИК. - 1919. - 19 мая.

적어도 한국인 근로민족은 자신들의 해방을 쟁취하기 위한 투쟁에 나섰다고 믿는다. 진실로 오늘날 일본의 채찍이 마치 승리를 주는 듯하지만 한국에서의 운동은 지금까지도 완전히 최종적으로 사라진 것은 아니다. 그러나 만일 내일의 나날들에 대해 언급하자면 의심할 여지없이 한국인 프롤레타리아트에게 승리가 주어질 것이고 민족독립 투쟁을 통해 자본의 사슬을 끊어버릴 사회주의 투쟁으로 나아가는 게 필연적일 것이다."[20]

1919년 출판사 「시베리아와 극동의 선전선동도서관」은 블라지미르 빌렌스키(시비랴코프)의 책을 출간하였다. 『일본제국주의의 압제 속에서(조선 인민의 독립투쟁)』[21]란 책은 소비에트러시아에서 처음 출간된 책으로 식민지조선에서 전개되는 식민주의 정책을 격렬히 비판하는 내용을 담고 있으며 한국 애국지사의 일본에의 한국병탄 이후 지속된 반일 투쟁을 조명하고 있다.

한국에서의 3·1운동은 러시아와 중국에 거주하는 한국인들이 광범위하게 연대운동을 전개하도록 이끌었다. 1919년 3월 17일 대한국민의회(Корейский национальный совет)는 니콜스크-우수리스크에서 「대한독립선언서」(Декларация независимости Кореи)를 발표하였다. 의장 문창범, 부의장 김철훈(Ким Чхолъхун) 그리고 서기 오창환(О Чханван)이 서명한 선언문은 조선 독립을 위한 투쟁에 나설 것을 불같이 호소하는 것으로 마무리되었다.[22]

---

[20] Известия ВЦИК. - 1919. - 11 августа.

[21] Виленский(Сибиряков) Вл. В когтях японского империализа(Борьба корейского народа за независимость). - М. 1919.

[22] 역자주 - 대한국민의회 독립선언서는 두 가지 종류가 있다. 첫째는 1919년 3월 17일 니콜스크-우수리스크에서 개최된 독립선언식에서 발표된 것이며(제1 독립선언서), 둘째는 3월 17일 선언식 날 혹은 그 후 재일청년 조선독립단의 2·8

"... 대한국민의회는 이 선언서로 한국의 독립을 주장하며 다음을 선언한다.
1. 대한국민의회는 조국의 영광스런 광복을 달성하기 위한 모든 조치를 취하며 민족자결주의에 근거하여 한민족의 진정한 자유와 독립을 요구한다.
2. 한국이 일본에 강압적으로 복속된 것은 대한제국 황제의 비준이나 주민 일반의 의사에 반하여 성사되었기에 강제 병합조약이라 파기되어야 함을 선언한다.
3. 대표단을 강화회의에 파견하면서 일본이 거짓과 무력으로 우리 조국과 국민을 파멸로 이끌려 했음에 항의할 임무를 부여해 주었고 국제연맹(Лига Наций)에 가입하여 우리의 독립을 굳건히 협력할 수 있도록 협력한다.
4. 모든 국가에 우리가 독립하려는 근거를 정확히 설명하기 위하여 외교, 공·영사기관에게 적합한 정부의 정보를 전달하도록 요청한다.
5. 위에 언급된 목적이 달성되지 못할 경우에 한민족은 평등권을 인정받지 못하므로 항일유혈투쟁을 영원히 수행할 것을 선언한다. 그렇기 때문에 극동에서 평화가 깨지고 재난을 몰고 올 것에 대하여 한국인은 모든 책임을 짊어질 것이다.[23]"

독립선언서를 참조하여 작성되고 결의안 5개항을 첨부한 선언서(제2 독립선언서)가 바로 그것이다. 이들 대한국민의회 독립선언서는 박은식이 기초하고 남공선, 김철훈이 수정하였으며 김한택이 러시아어로 번역하고 김만겸이 수정하였다. 제1차와 제2차 독립선언서가 나뉘어 발표된 것은 우선 임시정부격인 중앙기관(대한국민의회)을 창설하고 한국 독립승인을 위한 최후통첩을 발표하고, 이에 대한 응답이 없을 경우 2차로 영국적 대일 항전을 선언하기 위한 일정에 따른 것이었다. 본고는 부록에 제1차, 제2차 선언서를 수록하여 비교토록 하였다. 김병기, 반병률, 『국외 3·1운동』, 한국독립운동사편찬위원회, 독립기념관 한국독립운동사연구소, 2009, pp. 273~288.

23) Декларайия независимость Кореи. Перевод корейского прокламации. - Российский государственный исторический архив Дальнего Востока (далее -

「대한독립선언서」가 니콜스크-우수리스크에서 선포되고 시베리아의 극동에서 먼 다른 도시에로 퍼졌음을 증명하는 정보가 있다. 러시아국립문서보관소(ГАРФ)에는 「대한독립선언서」[24] 전문이 보관되어 있으며 1919년 5월 1일자로 적혀있다. 이르쿠츠크의 어느 한 인쇄소(типография)에서 비밀리에 작업하였다. 더욱이 중요하게 강조될 것은 발표된 「이르쿠츠크선언문」이 일본 영사의 불만을 불러 일으켰으며 대한국민의회 지부장과 서기를 선언문 배포 책임을 물어 군당국이 체포하였다는 점이다. 이와 관련하여 외무부 국장 수킨이 내무인민위원에게 어떻게 전달했으며 일본 영사의 불만 결과 도시 내에서는 선언서 인쇄 장소에 대한 조사가 들어갔고 「반일시위방지법」이 채택되었다. 동시에 수킨은 "옴스크에는 전러소비자협회 중앙연맹 인쇄소가 인쇄한 「대한독립선언서」가 등장했기 때문에 "유사한 선언문 등이 인쇄되어 배포되는 불허하는 긴급명령을 거부하지 말라고 요구하였다."[25]

1919년 3월 17일 「대한독립선언서」가 발표된 니콜스크-우수리스크의 사건으로 되돌아 가보겠다. 이날 대한국민의회의 소집으로 도심지에는 대규모 항일시위가 있었다. 니콜스크-우수리스크군 콜차크정부 관리관 보그다노프는 1919년 3월 20일 연해주 관리관에게

РГИА ДВ) - Фонд 226. Опись 2. Дело 31. - Листы 2-4. Текст Декларации см. также - С. 54-55 ;Ким В. Туманган - пограничная река ... - Ташкент, 1994. - С. 9-13. 그러나 원문에는 "그런 고로 일본에 대하여 혈전을 선포하리니 이를 인하야 참화가 나되 그 책임을 지지 안이할 일"이라 하여 반대로 번역하였다.

[24] Декларайия независимость Кореи. - ГАРФ. - Фонд 200. Опись 1. Дело 535. - Листы 136-126об.

[25] Сообщение управляющего Иркутской губерниией Яковлева в МИД от 15 мая 1919 г; Письмо вр. упраляющего МИД Сукина министру внутренних дел от 22 мая 1919 г. - Мая же. - Листы 135, 136-136 об.

다음과 같은 글을 써 보냈다. "보고합니다. 3월 17일 니콜스크와 인접지역에 거주하는 수백 명의 한인이 일본에 의한 한민족 탄압에 저항하는 시위를 개최하였고 일본이 한국을 집어 삼킨 것을 규탄하였다. 시위는 러시아어와 한국어로 작성된 격문이 뿌려지고 지나가는 러시아인들에게 집회참여를 호소하면서 시작되었다. 시위대 중 일부가 태극기를 들고 거리를 활보하였다. 오후 들어 한인 거주지역 집회가 성사되어 약 500명의 한인이 몰려들었다." 경찰과 반개중대 수비병사들이 니콜스크-우수리스크 집회를 해산시켰으나 주최자 5명이 회합에 관한 군구사령관 명령을 어겼다는 죄목으로 체포되었다.26)

콜차크 정부 요인에 의해 한인 시위가 해산된 다음 날인 3월 18일 대규모 한인시위가 한국에서 전개된 3·1운동에의 연대 표시로 블라디보스토크에서 개최되었다. 그 집회에서는 러시아노동자들도 참가하였다. 이날의 시위를 목격한 한 사람이 자세히 묘사하였는데, "블라디보스토크의 한인촌은 태극기와 러시아 깃발로 물들었다. 오늘 한인들에게는 한국독립을 염원하는 시위가 있는 축제일이다. 다양한 집회가 개최되었다. 한인들의 선언문은 한인정착촌에서 도시로 전파되었다. 도시로 질주하는 자동차에도 「대한독립선언서」가 배포되었다. 이는 '한국에 쏟아지는 아름다운 축제다', 러시아 프롤레타리아트는 시위행진에 가담할 것이다. 각국 영사들에게 파견한 특사들이 영어, 러시아어, 중국어 그리고 한국어로 쓰여진 「대한독립선언서」를 전달하였다. 일본헌병대가 한인 가옥을 분주히 움직이며 감시하고 한국인들의 '선언'행사를 결렬시키려 하였다. 일본 영사

---

26) Японская интервенция в 1918-1922 гг. в документая.юю - С. 135.

에게 선언문 뭉치를 창문을 통해 던져주었다. 한인들의 단결된 마음이 거대한 세력과의 관계에서 발휘되었다."27)

　니콜스크-우수리스크와 블라디보스토크에의 단합된 시위가 있은 후 한인들은 연해주의 다른 도시와 시골에서도 시위를 열었다. 한국에서 3·1운동과 시위가 전개되었다는 소식은 오호츠크 금광의 한인 채굴노동자들에게도 다다랐다. 이들은 열렬히 조선에서 전개된 독립선언 행사를 환영하였고 커다란 집회를 열어 한인 애국지사와 그들의 무장투쟁에 물질적 지원을 제공하기로 하였다. 집회 참가자들은 하루의 금생산량을 후원하기로 결정하였다. 광산인들은 모은 귀중품을 연해주 빨치산 부대에게 전달하기 위해 이창손(Ли Чансон)과 동료들에게 건네주었다. 1919년 4월 이창손 일행은 배를 타고 블라디보스토크로 건너가 모금한 금을 한인 정착촌의 이청림 (Ли Ченним), 한일대(Хан Ир Де, Хан Ильдэ) 부대장에게 건넸다. 이들 부대는 오호츠크에서 온 광산인과 함께 160여 명의 빨치산 부대가 주둔하고 있는 수이푼군 차피고우 마을로 갔다. 빨치산 부대 일행은 금을 블라디보스토크로 가져가 중개상을 거쳐 체코슬로바키아인들과 접촉하였다. 체코인들은 고국으로 돌아가려고 소비에트러시아를 반대한 대가로 일본으로부터 받은 무기를 팔았다. 빨치산들이 체코인들로부터 일본 소총 500정, 기관총 4문, 30만 개 이상의 탄약통, 1만여 개의 수류탄, 100정 이상의 리발버 권총 그리고 군복과 의약품 등을 구입하였다. "이 작전에 참여한 박청림(Пак Чонним)은 훗날 '밀림의 오솔길을 따라 우리는 말과 당나귀를 현지 한인 주민

---

27) Яременко А. Н. Дневник коммуниста. //Революция не дальнем Востоке. Вып. 1. - М., 1923. -С. 216-217.

의 도움을 받아 무기, 군장비 그리고 의약품 등을 차피고우로 옮겨 빨치산을 무장시켰다' 하였다."[28]

과거 항일 투쟁의 해외기지였던 연해주에 한국에서 전개된 항일 무장투쟁에 참여하려는 무장부대(독립군)가 창설되기 시작하였다. 이 문제와 관련하여 연해주군관구 사령부 군사전술과 보고에 따르면 1919년 블라디보스토크에 2천 명 규모의 항일단체가 조직되었고 그 부대는 중국 도시 헤이진쯔(Хейдиньцзы)를 지나 한반도로 진격해 장차 서울에서 벌어질 혼란상황에 참여하겠다 하였고 북경정부는 부대를 헤이진쯔로 보내 한인들이 만일 국경을 넘을 경우 지원하라고 명령서를 냈다.[29] 다른 한편 연해주에서 창설된 빨치산부대에는 한국에서 3·1운동에 참가했던 많은 사람들이 합류해 들어갔다. 이들은 일본 당국의 테러로부터 몸을 보존하기 위해 중국 국경을 지나 러시아 접경지대로 넘어갔던 것이다. 이들 탈주자 사이에 박청림이 있었는데 그는 1919년 가을부터 1922년 10월 말까지 여러 빨치산부대에서 전투를 수행하다가 넘어왔다.

그는 "4월 우리 집단은 금강산(Кымгансан)을 뒤로 하고 당시 빨치산부대가 형성되었다고 알려진 중국이나 러시아 영토로 넘어가기로 결정하였다. 4월 9일 아침 변방 수이푼 지구에 위치한 한인 마을 산차고우(Санчакоу)를 떠났다. 우리로부터 사정을 알게 된 사람들이 환대해 주었다. 빨치산 기지가 있는 곳까지 가고자 했기에 맨 처

---

[28] Пак Чонним/Пак Чен-Лим/. Участие коерйских партизанских гражданской войне на Дальнем Востоке(1919-1922). Воспоминания. - Владивостиок, 1987. - С. 126. Рукопись хранится в архиве одного из автора этой книги. Б. Д. Пака. См. об этом также : Ким В. Туманган - пограничная река ... -С. 18-19.

[29] Сводка военно-статистического отдела штаба Приамурского военного округа. Хабаровск, 20 апреля 1919 г. - ГАРФ - Фонд 200. Опись 1. Дело 535.

음 만난 러시아인들에게 우리를 소개했다. 그곳에는 이미 식량이 도달해 있었고 지금은 되돌아갈 준비를 마친 상태다. 러시아인들은 우리를 국경의 러시아 측에 위치한 한인마을까지 안내해 주었다. 이 시골마을은 꼬르포프카(Корфовка)라 불렸다.

꼬르포프카에 도착하기 전에 우리는 주민들에게 조심스럽게 빨치산의 근거지가 어딘지를 물었다. 우리가 빨치산이 되어 일본인과 전투를 하겠다하니 매우 놀란 주민들은 하룻밤을 재우고 점심을 대접한 후 현지 농민 한 명의 인도로 차피고우에 안내해 주었다. 그곳에서 우리는 빨치산 순찰과 부딪혔다. 2명의 노인들이 다가서 우리 두 손을 굳게 붙잡고는 집으로 데리고 가 최근 한국에서 벌어진 사태에 대해 자세히 물어보았다. 대화 중 확인된 것은 우리를 마중 나온 사람들 역시 손에 무기를 쥐고 러시아 극동지역에서 일본 간섭군에 대항하여 싸운 연후에 일본으로부터 한국을 해방할 준비를 하고 있었다. 이들 역시 우리처럼 1919년 3월 일본의 수사 위험에서 벗어나 한국에서 블라디보스토크로 피난 나왔으며 다시 차피고우로 넘어와 빨치산 부대 창설에 따라 일을 하기 시작했던 것이다. 이때 차피고우에서 가까운 곳에 위치한 한인마을 주민들로부터 지원과 도움을 받아왔다 하였다. 차피고우에서 한인 선전원 집단이 한인촌 마을을 돌며 빨치산에의 합류를 호소하였다. 곧 우리는 독립군(Тоннип кун)이라 불리는 300여 명 규모의 부대를 모집할 것이다.[30]

독립군 창설의 주역은 리청림(Ли Ченним)이나 그는 군사교육을 받은 바 없었다. 부대사령관으로 채영(Чхве Ён)이 임명되었다. 채

---

[30] Пак Чоннним/Пак Чен-Лим/. Участие коерйских партизанских гражданской войне на Дальнем Востоке. - C. 2-3. (1919년 말에 창설된 혈성단 군대에 관한 내용으로 박청림의 수기로 잘 알려져 있다. - 역자)

영은 중국에서 군사교육을 받았으며 1911년 12월 중국을 공화국이라 명명하고 손약센(Сунь Ятсен, 孫文)이 총통으로 선출된 이후 남경(Нанкин)에 설립된 혁명군의 한 부대장을 역임하였다. 1919년 3월 채영은 만주에서 반일운동에 가담해 왔고 일본 당국의 추적을 받아 소규모 빨치산 부대장으로 러시아연해주로 이동하였다. 1919년 여름을 지나 독립군 부대 규모는 400명에 이르렀고 10월에는 수이푼읍 푸칠로프카로 전개된 대대 규모의 일본 추격대와 첫 전투를 치루기도 하였다." 이 전투에서 기병대장 김유경(Ким Юген, 유천 Ючен)이 특출난 공훈을 세웠다. 그의 계획에 따라 일본군 대대에게 월등한 공격을 가했던 것이다. 박청림은 "한밤중에 우리는 푸칠로프카에서 2km 떨어진 곳으로 서둘러 길을 떠났다. 김유경과 2명의 용사는 일본군 장교복을 입고 일본군 병영으로 다가섰다. 일본군 보초병들이 장교들에게 인사하기도 전에 우리는 순식간에 그들을 제거하였다. 그 뒤로 빨치산들이 병영을 습격하여 수류탄으로 부쉬버렸다. 일본군 추격대는 완전히 괴멸되었다. 단지 타다 남은 상자들이 남아 있어서 부대사령부로 옮겨왔다. 그 상자를 여니 5만 엔이 있어 빨치산이 겨울을 날 의복을 구입하러 갔다."[31]

*　　　　*　　　　*

한국독립운동은 한국에서 벌어진 3·1봉기는 당시 45만 명이 거주하던 만주의 한인 주민 사이에서도 활성화되었다. 집회와 시위가 일본의 공식 자료에 따르더라도 만주지역에서 약 6만 명이 참여한

---

[31] Там же. - С. 6.

것으로 나온다. 한인 애국지사는 한일단체를 창설했으며 무장부대를 설립하였다. 이와 관련하여 연해주 군관구 군사전술부가 보고했듯이, 1919년 5월 만주의 일본 영사당국은 현지 중국 행정당국에게 "이 증오스런 근원을 잘라버릴 조치"를 검토해 통보해 주길 요구하였다. 북경정부는 일본의 요구에 응하여 봉천, 길림 그리고 흑룡강성 군 관계자들에게 명령을 하달하여 "한인들을 강하게 통제하여 한국 독립을 위해 중국 영토를 선동하지 말도록 하였다."32)

항일운동의 중심지는 이미 많은 한인이 이주하여 살고 있는 쟌다오(간도, Кандо)가 포함되어 있는 길림성이었다. 1919년 3월 3일 이미 길림현 대외업무국장은 최근 한인운동이 강력해진 현상에 대하여 성장에게 보고하면서 "왜냐하면 중국과 일본은 서로간 우호관계에 있기 때문에 한인민족운동이 중국으로 확대되길 반대하며 이 운동을 진압할 모든 조치를 취할 것이다." 길림성 당국의 활동은 북경에서 승인되었다. 그로부터 3월 23일 성장 명의의 전보가 발송되었다. "한인들 사이에 벌어지고 있는 봉기 때문에 당신은 연길, 흑룡 그리고 왕청군에 특별 관심을 쏟아야 한다. 그 곳에는 많은 한인들이 거주하고 있으며 현지 일본 당국과 협상을 맺어 한인의 등장을 없앨 조치를 취해야 합니다." 이런 연후에 위에 언급된 군 대표자에게 "한인 사이의 무질서 행위를 진압하기 위해 군사력을 적용"할 것을 지시하였다.33)

그러나 중국 당국이 일본과 함께 취한 경계조치는 반일 활동을

---

32) Сводка военно-статистического отдела штаба Приамурского военного округа. Хабаровск, 13 мая 1919 г. - ГАРФ - Фонд 200. Опись 1. Дело 535.
33) Разведка No 6 российского консульства в Ририне за время с 15-го марта по 1-е апреля 1919 г. - АВПРИ. - Фонд "Миссия в Пекин". Опись 761. Дело 762. - Лист 42.

돌려 세우지 못했다. 길림에 있는 러시아 영사관의 첩보 보도에 따르면 간도의 한인 지도자 중 이범윤과 이왕인(Ли Ванъин)은 여러 지역으로 "자발적으로 한인 경비대원을 모집하기 위해 특사를 파견"하였다. 길림에는 러시아나 만주 봉천의 여러 지역에서 많은 한인들이 몰려들어 통진회(Тонджинхве, Штаб-квартира общества, 항일비밀단체 간민회) 활동을 멈춰 세우려 하였다. 연길군으로 앞서 첩보가 들어왔다. "러시아에서 도착한 한인지도자들은 순빈시(Сунь Бинси), 진빈조(Цзинъ Бинцзо), 로젠세(Ло Женьсе), 이린룬(Ли Линьлунь) 등으로서 체포명령이 내려졌다."[34]

1919년 3월 13일 연길 중심지인 연길강(Яныцзинган)에 있는 모든 외국인들에게 1919년 3월 1일 서울에서 발표된 「대한독립선언서」 문안이 포함된 선언을 전달하였다. 그날 류다오고우(Людаогоу) 시 변방에는 3천 명의 한인이 모여들었다. 중국 당국은 그들의 도시 진입을 불허하였다. 연길에서 류다오고우로 일본인의 요청에 따라 대령 후대(Фу Дэ)가 병력을 이끌고 도착하였다.

한인들은 중국 당국의 명령을 준수하여 도시에 집결하지 않았다. 다만 그곳의 북쪽으로 태극기를 들고 행진하여 집회를 가졌다. 그후 시위대는 도시로 향하여 일본 영사에게 청원서를 전달하려 이동하였다. 후대 대령은 한인들에게 다가가 한국 독립문제는 다루지 말 것을 호소하였다. 만일 한인들이 원한다면 중국 당이 아닌 바로 한국 땅에서 활동하라고 말했다. 그러나 후대의 호소는 효과를 내지 못하였다. 그는 한인에게 사격명령을 내렸다.[35]

---

[34] Там же. - Листы 33, 42. 한자로 된 한글명을 문서 원본대로 옮겼다.(필자)

[35] Донесение российского вице-консула в Янь-цзи-гане В. Надарова в российскую миссию в Пекине Янь-цзи-фу, 13 марта 1919 г. - АВПРИ. Фонд "Миссия в

집회와 시위는 훈춘과 동만주의 다른 도시에서도 일어났다. 이와 관련하여 식민지조선의 도시 회령에서는 간도에서 항일 봉기가 있을 경우 대규모 군대를 보낼 준비를 하였다. 이에 대한 답으로 약 2만 명의 한인 무장대가 무산시 근처 한국 국경지대에 집결하였고 간도에 일본인이 나타날 경우 출동하려 하였다. 일본에 대한한 거대 규모의 봉기가 있었다고 청진에 있는 러시아 부영사 트라이츠키(А. С. Троицкий)가 보고하였다. 그는 나남시에서 일본부대가 모두 출동하여 간도로 추격대를 파견했다고 통보하였다. 간도에는 기관총과 대포를 보유한 매우 큰 규모의 빨치산 부대가 조직되어 있었다. 그 부대에는 많은 한인들이 속해 있고 러시아군이나 대한제국 출신 군인들로 구성되었으며 한국 병탄 전야에 일본군에게 해체된 적이 있다.[36]

항일운동지도자들은 길림에서 새로운 군사정부를 창설하겠다고 선언했으며 중국 남쪽의 광동정부와 관계를 맺으려 노력하였다. 1919년 10월 길림성 성장이 통보하였듯이 "한인들은 광동정부와 협정을 맺어 한국을 독립된 국가로 인정, 한국이 독립국가였을 때 중국과 맺은 모든 조약을 이행, 중국 거주 한인들에게 중국인과 동등하게 시민권 부여, 만일 그들의 활동이 중국 이해에 저해되지 않는다면, 중국 영토에서 거주하는 한인들의 정치적 의도에 관여치 않을 것이다." 한인사회단체 지도자들은 차례로 "광둥정부를 모든 분야에 걸쳐 도우며 특히 북경정부와의 투쟁에서도 지원한다"[37]고 약속하

Пекине". Опись 761. Дело 803. - Лист 7.
[36] Донесение российского вице-консула в Чонжине Троицгого в российское посольство в Токио. - Там же. - Лист 32. 대한제국군 중 궁성호위군으로 시위대가 있었는데 1907년 8월 1일 군대해산에 저항하는 남대문전투가 있었다. (역자 주)

였다.

　상해 대한민국임시정부(ВПКР)와도 관계가 구축되었다. 그곳으로부터 간도로 대규모 항일운동 문헌이 전달되었다. 광천쯔(Куанченцзы)에 있는 러시아영사관 정보에 따르면 만주에 "볼셰비키 조직"이 창설되었고 애훈(Айгун), 하얼빈(Харбин), 테린(Телин), 후란(Хулан)에서 중국 동북 3성에서 봉기를 일으키자는 비밀회합을 열었다.38)

　1919년 후반기 한국과 국경을 접한 압록강과 두만강 강변지역에서 한인 봉기자 세력이 대규모로 집중되었다. 9월 전설적 한인 의병부대장(의병, Армия справедливости) 홍범도가 수이푼 지구에서 약 150명으로 구성된 부대를 이끌고, 자신의 일기에 썼듯, 행군 중 홍후즈 악당들과 백군 세력을 물리치며 만주로 진군하였다. 북만주에 다다르자 부대원은 1,500명까지 늘어났다. 홍범도는 한국 북부지역에 분포되어 있는 일본군 수비병들에게 용감하게도 기습을 감행하였다.39)

　소비에트러시아 정부는 한인 애국지사들의 항일투쟁을 지지하였다. 1919년 7월 26일 적군이 동쪽으로 전진함에 따라 "한인 혁명조직 대한인국민회(Кукминхве - 필자)40)와 전체 한인민족에게 연설"하

---

37) Разведка No 19 российского консульства вРирине за время с 15-го марта по 1-е ноября 1919 г. - АВПРИ. - Фонд "Миссия в Пекине". Опись 761. Дело 762. - Лист 169.

38) АВПРИ. Фонд "Миссия в Пекине". Опись 761. Дело 803. - Лист 31б 79.

39) Автобиография Хон Бомдо, 4-го июля 1932 г. - Российский государственный исторический архив Дальнего Востока(далее - РГИА ДВ) - Фонд 3-562. Опись 1. Дело 2851. - Листы 12-13. См. Также: В. Ким. Туманган - пограничная река ... - Ташкент, 1994. -С. 106.

40) 1918년 12월 페트로그라드에 러시아한인노동자회(собрание корейсих рабочих России) 집회가 열려 다음을 결정하였다. "한국이 건국된 단기 4251년인 1918년 12월에 우리 러시아에 있는 노동자들은 혁명단체 대한국민의회(корейский

여 소비에트러시아와 한국의 공동의 적 일제를 물리치는데 공동투쟁하자고 호소하였다.

노농정부의 상승 부대는 러시아에서 2년간 치른 전투에서 시베리아의 차르 장군들을 물리쳤고 시베리아의 노동자 농민 그리고 한인의 도움을 받아 시베리아 평원으로 진격해 나갔다.

이 순간 소비에트 정부는 다음과 같은 형제적 발언과 함께 억압자 일본에 대항하여 싸우는 한인 혁명가들에 관심을 기울였다.

> 한국인은 이미 15년 동안 토지를 빼앗고 독립을 앗아갔으며 자기의 자녀들을 처벌하고 감옥에 집어넣는 일본 강도들과 싸워왔다. 한인 혁명가들은 러시아, 미국, 호주, 중국 국경 너머로 피신했다. 그러나 일본은 1914년 일본과 같이 차르정부, 왕국 그리고 부유하거나 약탈자들인 이들 나라들과 동맹을 맺었다. 그 같은 협정이 맺어짐에 따라 한인혁명가들은 피난처를 잃게 되었다. 반면 차르정부와 그의 노예인 콜차크, 하르바트는 한인 혁명가들에게 조롱과 형벌을 내리기 시작하였다. 지금 한인들에게 유일하게 안전이 보장되는 장소는 모스크바다. 소비에트러시아에 대한국민의회(Корнацсоюз)가 결성되었는데 그 목적은 한국에서 혁명을 일으켜 한국 독립을 복원하는데 있다.

национальный союз)를 통합 결성하니 우리를 억압하는 일본에 대항하여 한인 근로자 대중을 일으켜 러시아 프롤레타리아트와 함께 손에 손잡고 대자본주의 투쟁을 벌이고자 한다." 결의문에는 "국민회 2만 명에 이르는 러시아내 한인노동자들이 결집하여 국민회 규정을 한인통합, 한인 이익옹호, 한인시민의 평등한 문화적 발전 그리고 한국의 국민자치권을 전제로 한 정치적 독립 복원, 경제적 자립달성, 노동의 원칙 속에 한인노동자들 사이에 국제계급론의 발전 그리고 한인노동자들의 전체 노동자들과 함께 단일한 가족으로 통합하는 임무로 구성하였다. 이러한 임무를 실현하기 위해 규정은 우리 조국에 자유와 독립실현을 신의없게 앗아간 일본자본주의의 '철권 억압(железный тиски)'에 놓여있는 한인들 사이에서 선전활동이 필수적"이라 하였다. Известия ВЦИК, 1918. 15 декабря./ РЦХИДНИ. Фонд. 372. Опись 1. Дело 322. Лист 8.

한인 혁명가들은 적군 대열에 합류하였고 자신들의 연대를 편성하여 당신에게 도움을 주러 가고 있다. 러시아의 한인노동자들은 모스크바 제3인터내셔날에 가입하였다. 즉 반자본, 약탈 등으로 전 세계 노동자근로자동맹을 맺어 타국의 억압계급과 손에 손잡고 일해야 한다.

그 시각 적군과 한인병사들은 우랄방면에서 일본군과 전투하고 한국민들은 한국에서 봉기하여 전력을 다하는 등 러시아 노농정부와 밀접한 관계에 들어서고자 하였다. 그런 연후에야 통합된 힘으로 우리는 일본인을 블라디보스트크나 '신성한 아침의 나라'로부터 구축할 수 있을 것입니다. 해방은 시간은 가까워졌습니다. 한국혁명가 여러분, 전력을 다해 주시기 바랍니다.

외무인민위원 부위원장 카라한 모스크바. 1919. 7. 26.[41]

소비에트 정부가 한국 민중에게 보낸 호소문 원문은 모스크바의 한인 거주지대에 있었던 집회에서 발표되었다. 『전로중앙집행위원회 회보』가 통보하듯 1919년 8월 12일 약 200명의 한인이 모여든 동방동맹(восточый союз) 사옥에서 공표되었다.

집회 연사는 오랜 한인혁명가 송우종(Шон У-Тени, Сон Уждон – 필자)이 나섰는데, 그는 소비에트러시아 정부에 보낸 호소문 이후 "일 분의 시각도 헛되이 쓰지 말고 러시아에 거주하는 전체 한인을 조직하여 공동의 적과 투쟁하자"고 하였다. 정해(Тен Хай, 정해 Чон Хэ – 필자)도 연사로 나섰다. 그는 "한인들이 피난처로 찾은 유일한 국가는 소비에트러시아다". 그러므로 "러시아 형제들과 공동으로 일본인에게 보복할 수 있다." 연설이 끝나자 집회 주최자인 정홍인(Чен Хонин, Чон Хоньин – 필자)은 외무부 동방국 소속 보즈니센스키

---

[41] Известия ВЦИК, 1918. 15 августа.; Виленский(Сибиряков) Вл. В когтях японского империализма. - С. 15-16.

(А. Вознесенский)에게 발언권을 주었다.

보즈니센스키는 소비에트정부가 한국 민중에게 보낸 호소문의 의미에 주목하면서 한인대표자들이 파리국제연맹에서 다음의 성명서를 제출하도록 집회참가자들에게 말하였다. "독립을 선언함과 동시에 300여 개 이상의 격문이 발표되었지만, 일본의 검열로 어느 하나 유럽으로 흘러가지 못하였다. 일본은 우리 민중의 운동세력과 싸우면서 선언문 유포자들이 만날 수 있는 사원이나 여러 장소를 불지르고 있고 한낮에 모여들 때 그들을 마치 짐승처럼 여겨 기관총으로 난사하였다. 그럼에도 불구하고 우리는 비록 백년 이상은 걸릴지라도 자유를 위해 투쟁할 것이다."

우파(Уфа)를 장악할 때 혁혁한 공을 세웠던 보병연대 기관총 부대장 이위종(Ли Виджон)은 연사로 나서서 집회 참가자들에게 소비에트정부에 호소하여 "러시아와 시베리아에 남아 있는 2만 명의 한인들을 동원하여 한인부대를 만든 후 우선적으로 시베리아와 한반도에서 일본을 몰아낼 것"을 제안하였다. 이위종은 계속해서 한인들이 "러시아 플로레타리아트와 형제애적 동맹으로 접합해야 한다. 그 이유는 내부로부터 형성된 도움이 러시아인들로 하여금, 마치 미국인들이 하듯 이익에 눈이 멀어 행동하게 하지 않고, 탄압받는 민족의 자유로운 해방을 위해 진정으로 싸울 수 있도록 인도하기 때문이다."고 말하였다. 이러한 구상이 현실화되기 위해서 이위종은 곧바로 한인 적군부대 전러중앙집행위원회(Корейский ВЦИК по организации "корейских красных войск")를 건설하자고 소비에트공화국에 제안하였다. 이 같은 제안은 우렁찬 박수와 혁명가 제창 속에 만장일치로 채택되었다. 게다가 집회 참여자들은 「국민회(Кунминхе)」가 "소비에트정부에게 필수적인 조치를 취하고 미래 한인 프롤레타리아트 적군의 제일차적 핵심을 건설하도록 전권을 쥐어줬다."[42]

집회 관련 소식은 1919년 8월 15일자 『전러중앙집행위원회 회보』에 실렸다. 이때 보즈니셴스키가 1919년 3월 30일자로 쓴 "혁명 한국"이란 기사가 실렸는데, 간도의 세 마을인 회령(Харён), 왕청(Ванчен), 퉁화(Тонхва)에 4만 명이 운집해 한국 독립을 주장하면서 국경 지역으로 다가섰으나 중국 부대의 총격 난사가 있었다고 전했다. 기사는 시위 참여자들을 난사하는 형태의 유사한 징벌이 다른 지역에서도 벌어졌다고 썼다. 브즈니셴스키는 "죽은 한인들을 태극기로 덮어주었고 그들의 죽음 앞에서 "대한독립만세!"를 외쳤다."고 전했다. 러·한 국경에서의 운동은 국경지방 일대를 휩쓸었다. 수만 명의 농민들이 일본에 저항하는 운동을 벌였다. 수많은 민중이 꼭 쥔 주먹을 들고 자기 동족의 형제자매를 일본인에게 잡혀간 감옥에서 탈출시키겠다고 맹세했다. 지방에서 벌어진 운동이 서울로 전파되었다. 3월 말과 5월 초 길거리 시위가 의미 있었다면 그 후에는 일본인에 대항한 한인 청년들의 운동이 공개적으로 들고 일어났다. 서울에 존재했던 모든 일본인 부대가 봉기 세력을 진압하려 움직였다. 식민지조선에서 발행된 『한인신문』은 보즈니셴스키가 기사로 전하듯 서울에 거주하는 노인, 어머니 그리고 젊은 여성들이 참가한 선언식을 기괴하게도 피로 물들인 채 마무리했다. "일본인들은 태극기를 든 팔을 잘랐다. 태극기를 떨어트린 이들은 이빨로 태극기를 물자 일본인들이 이들을 참수했다."[43]

3·1절은 한국 민중 모두에게 신성한 날로서 혁명적 기념일이자

---

[42] Известия ВЦИК, 1918. 15 августа.
[43] 원문에는 출처에 해당하는 『한인신문』을 반영한 각주가 생략되어 있다.(역자주)

제1부 한국인의 독립투쟁사에서 위대한 3·1운동 시대 | 55

나라의 독립을 되찾으려는 투쟁한 상징적인 3·1운동이 일어났던 날이다. 이날 러시아 극동지역의 전 도시와 인구규모가 큰 지역에서는 한인 망명가들이 1937년 극동에서 중앙아시아와 카자흐스탄으로 강제이주 되기 이전까지 이날을 기념하였다.

러시아의 한인 망명가들은 1920년 이날을 최우선적으로 기념하였다. 한인 주민이 거주하는 연해주의 모든 지역에서 기념식이 열렸는데, 그중 가장 큰 행사는 블라디보스토크에서 열렸다.

극동지역 혁명운동 참가자인 고췐스키(Ив. Гоженский, 박진순-역자)는 "3월 1일은 전체 혁명러시아연해주의 축일이다. 연해주 노동대중 지도자들은 우트킨(Уткин)을 대표로 기념식에 참여해 왔다. 진실로 기념식은 대규모였고 매우 경의를 다하는 모습이었다."[44]고 적었다. 한인들 사이에 인기가 많았던 내전기 영웅인 라조(С. Лазо)는 "한인 동지들 우리는 공산당 극동위원회 이름으로 당신들에게 축하인사 드립니다. 우리는 당신들이 어떻게 싸웠는지를 잘 알고 있습니다. 우리의 투쟁이 무엇을 지향하는 지 잘 아실 겁니다. 윌슨도 푸앙카르(Пуанкар)도 로이드 조시(Ллойд Джордж)조차도 노동계급에게 자유를 가져다주지 않았습니다. 한인에게 아무 것도 주지 않았습니다. 여기 극동에서는 당신들의 이해가 우리들과 밀접히 연관되어 있습니다. 우리는 매우 깊게 확신하건데, 여러분들이 그것을 열망하는 것은 자유입니다. 여러분들은 상인과 자본가들이 몰락할 때 얻을 것입니다. 당신들은 우리와 통합하지 않는 한 자유를 얻지 못할 것입니다."[45]라고 연설하였다.

---

[44] Гоженский Ив. Участие корейской эмиграции в революционном движении на Дальнем Востоке. // Революция на Дальнем Востоке. Вып. 1. -М.-П., 1923. - С. 372.

대부분의 한인 사회계층이 참여한 영웅적 3·1운동은 결국 패배했지만 한국의 역사에서 매우 뛰어난 역할을 했습니다. 제1차 세계대전의 종결과 러시아의 10월혁명과 관련되어 전 세계에 전개된 강력한 국제혁명 과정의 일부분으로서 한국에서 1919년 전개된 대중봉기는 한민족의 해방운동 발전에서 매우 중요한 경계선이자 진보세력이 성장하는 촉진제였다.

1919년 항일 봉기가 있은 후 한인 민족해방운동은 1945년 8월, 소련, 미국 그리고 전 세계 민주주의 세력의 도움으로 한국이 35년간의 일본 식민통치가 종식되며 해방되는 새로운 단계에 접어들었습니다.

---

45) Эхо. - Владивосток. - 1920. - 14 марта.

제2부

러시아외교관 시각으로 본 3·1운동

제2부 러시아외교관 시각으로 본 3·1운동

독자들에게 제시하는 문서는 서울 주재 러시아총영사 류트쉬(Я. Я. Лютш)가 작성한 보고서로서 1919년 3·1운동을 개인적으로 목격했거나 그가 수집한 관련 자료를 종합한 것이다. 식민지조선과 일본에서 발간한 신문에 포함된 것 그리고 류트쉬가 서울주재 외국 대표자들과 대화하면서 획득한 정보를 담고 있다.

러시아외교관 야코프 야코블레비치 류트쉬(Яков Яковлевич Лютш)는 일본이 대한제국을 합병한 지 1년이 지난 1911년 서울 주재 러시아총영사로 임명되었다. 병탄조약은 일제 식민통치가 한반도에서 진행될 것을 법률적으로 구축한 것이지만 러시아가 일본에게 패한 이후[1] 한국문제를 양보한 결과였다. 이와 관련하여 러시아 임시외무부장관이던 네라토프(А. А. Нератов)가 1911년 12월 1일자로 류트쉬 명의로 보낸 비밀편지에서 다음과 같이 언급한 데서 알 수 있다.

"서울 주재 총영사로 부임하기 때문에 아래와 같은 지시사항을 귀하에게 통보하는 게 쓸모없는 일은 아니라 봅니다. 포츠머스강화조약 체결과 동시에 한국은 일본의 보호국이 되었기 때문에 지난 해 일본에게 통합되었으며 새로운 일본의 지방이 되었습니다. 한일병합은 러시아로서는 바라던 바가 아니었습니다. 이는 순전히 러시아 정부기관이 처리한 일로서 반대한다는 성명을 내지도 않았습니다. 그렇기 때문에 우리

---

[1] 역주 – 러일전쟁을 의미한다.

러시아는 이 병합 사실에 완전히 진지하게 임해야 했습니다. 이로부터 한국인들은, 즉 아마도 더 지원받아야 한다는 희망을 지지하지 못합니다. 그리고 우리는 한인들이 일본의 통치를 전복시키려는 열망에 부응할 근거를 찾지 못합니다. 이로 인해 여러분들은 일본인이 마치 우리의 바람이 현재 나라의 주인과 싸우는 한국인을 지원하는 것처럼 설명할 수도 있음에서 벗어날 수 있어야 합니다."

더 나아가 지시사항이 적힌 편지에는 "한국인의 반일운동을 엄중히 감시해야 하며 이러한 움직임에 우리가 동정이라도 하는 듯한 소문이 발생할 경우 유사한 해석이 나오지 않도록 당신에게 위임된 총영사와 관리들 사이에 퍼지지 않도록 해야 합니다. 그 같은 활동 방식이 특히 필요한데, 한국인들이 지금껏 자신들의 독립을 회복하기 위해 취한 조치들이 완전히 성공하지 못할 그런 운명에 처해 있기 때문입니다. 그동안 한국인이 시도한 이 모든 유사한 조치들은 지금까지도 성공하지 못했으며 군사적 형 집행을 초래하고 있고 일본의 새로운 신민에 대한 감시만 심해진 것입니다."[2]

류트쉬는 엄격하게 도입된 규칙을 준수해 나갔다. 그는 한국에서 병합 이후에 전개된 반일운동과 만주 그리고 연해주에서 전개된 한인 망명가들의 반일운동에의 참여 등을 면밀히 추적해 나갔다. 류트쉬의 보고서에는 의병(정의의 군대)의 활동자료와 정보, 즉 안종석(Ан Чонсок), 김진영(Ким Чинъён), 김종안(Ким Чонъан), 이진용(Ли Чинъён), 채응원(Чхэ Ынвон), 유시엔(Ю Сиен) 등 의병장이

---

[2] Международные отношения в эпоху империализма, Документы из архивов Царского и Временного правительства 1878-1917 гг. Серия 2, Том XIX, Часть I, М., 1939, с. 117.

1915년까지 전개한 활약상 그리고 제1차 세계대전이 끝나기 전 한국과 외국에서 전개했던 반일 사회단체의 활동사항이 적혀 있다.

류트쉬는 1917년 2월 23일자로 보낸 보고서에서 농민 동요와 어민 반란에 대한 내용을 보고하였다. 류트쉬는 일본 점령군 최고사령관인 하세가와가 나라에 반일 정서가 엄존하고 있음을 인식하고 있다고 인용하였다. 1917년 1월 서울에서 개최된 경찰국장 회의에서 하세가와는, 비록 반란자들인 의병들 대부분이 체포되거나 해악을 입힐 수 없게 되었지만, 아직까지도 현재의 질서를 파괴하는 편견에 사로잡힌 "흥분하는 사람"들이 존재한다고 말하였다. 하세가와가 강조한 사항, 즉 "토지 산림 소유지, 수산 지구(рыбаловные участи) 등에서 일어난 같은 일 때문에 서로 싸우는 것은 그것대로 자주 국민적 소요로 이어질 수 있음은 매우 애처로운 일이다"고 말하였다.3)

1917년 10월 러시아에서 소비에트 권력이 수립되고 난 후 류트쉬는 새로운 정부에 복종하지 않고 1921년까지 서울에 잔류하여 과거 러시아정부의 도쿄 주재 대사인 크루펜스키 V. N.에게 보고서를 작성하였다. 대사 역시 볼셰비키에 복종하지 않고 콜차크 장군의 정부4) 외무장관에게 보고서를 보냈다. 그 이후 류트쉬의 운명은 잘 알려지지 않았다.

류트쉬의 보고서는 한국에서 1919년 전개된 국민적 봉기 시기에 썼기에 특별한 관심이 보여진다. 보고서는 한인들이 "대한독립만세!"란 구호를 외치며 1919년 3월 1일부터 5월 31일까지 전개한 평화적 시위, 류트쉬의 말에 의하면 "무질서"가 벌어진 경위를 자세히 담은

---

3) АВПРИ. Фонд. Японский стол. Опись 493. Дело 27. Лист 18.
4) 역주-시베리아임시정부를 의미한다.

보고서 목록을 포함한다. 그러나 러시아총영사가 보고한 내용은 일본군 부대나 경찰 그리고 경비병들이 군사적으로 충돌한 자료, 봉기 참여자들이 정부기관, 경찰 그리고 경비소를 공격한 내용 등 많은 정보를 포함하고 있다. 류트쉬는 이들 기관이 "복수하듯" 도처에서 군사적 방식으로 진압하는데 특성화되었다고 보았다.

이번에 출간한 자료들이 지닌 독특성은 목격자들이 전한 매우 소상하고 객관적인 자료라는 점이다.(기록은 한국인이 아닌 일본인이 한 것) 특히 강조할 수 있는 점은 류트쉬 자신이 쓴 보고서 속에 식민주의자들을 비판하고 한국인들을 동정한다는 점이다. 그렇지만 류트쉬는 분명히 강압적 행동을 반대하였다. 3·1운동이 일어난 원인에 대해 언급하면서 류트쉬는 일본의 식민주의 지배가 구축되기 이전 한국의 상황을 객관적으로 평가하고 자본주의 일본국의 "문명화된 사명(цивилизаторская миссия)"으로 특징지우고 있다.

그러나 한반도에 구축된 살벌한 군경찰체제(военно-полицейский режим)[5]를 비판하는데 동조하고 있다. 류트쉬의 보고서가 연구자 손 안에 3·1운동 당시 종교정치단체 "천도교"의 역할, 한인기독교인들의 대규모 봉기에의 참여, 일본 식민주의자들이 봉기참여자들에게 가한 혹독한 조치, 3·1운동 이후 전개된 반일 투쟁에 미친 영향 그리고 상해 임시정부의 활동 등 새롭고도 매우 귀중한 정보를 제공하고 있다.

일반적으로 류트쉬의 정보는 3·1운동의 역사를 3·1운동 주동세력과 운동지도부의 이념 그리고 1919년 대중봉기를 대하는 일본 정부의 정책 등을 보다 세밀히 연구하게 한다. 이 문서발간물에는

---

5) 역주 – 한국사에서는 이를 무단통치체제라 부른다.

1919년 대중 봉기를 다룬 류트쉬의 보고서를 포함하고 있다. 개별 문서들 속에는 단지 3·1운동에 직접 관계를 갖지 않은 문장들은 생략하였다. 한국인 이름과 일본인 이름 그리고 지리적 명칭은 현재 철자법에 따랐다.

문서활자는 탈초하여 현대어로 바꾸었다. 문서에 주석을 달았으며 필요할 경우 괄호 속에 용어 설명을 가하였다. 이를 저자가 수행했음을 문장 마지막에 이탤릭체 활자(-*авт.*)로 표시하였다.

문서 작업은 박보리스 D.가 완성하였고 편찬발간을 준비하였으며 사진자료는 박태근이 완성하였다.

문 서

문서 No. 1[1]

서울 주재 러시아총영사 류트쉬가 도쿄 주재 러시아대사 크루펜스키 V. N.에게 보낸 보고서. No 2.

1919년 3월 31일. 서울

친애하는 바실리 니콜라예비치께

    데라우치 총독의 철권통치와 그의 정책을 이어가는 하세가와[2]의 억압통치하에 죽어가던 식민지 조선인들(корейцы)의 민족적 열망이 현재 전 세계에 퍼져있는 민족자결 추세의 영향을 받아 고요한 아침의 나라의 수도에서는 물론이요 작은 지방 마을에서까지 일본 압제에 대항하는 대중 시위가 선명한 불꽃으로 타올랐습니다. 당시 한국인들은 일본의 모든 정책이 촉발시킨 대중적 불만이 소수 개인에 반대하는 음모의 형식으로 표출되었다. 지금까지는 혹독하리만치 엄격하고 고통스러운 조치를 통해 근본적으로 무력화되었습니

---

[1] Донесение Российского генерального консула в Сеуле Я. Я. Лютша Российскому послу в Токио В. Н. Крупенскому. Сеул, 31 марта 1919 года. No 2 / Государственный архив Российской Федерации. Фонд 200. Опсь 1, Дело 35, Листы 42-85. 이 문서는 Пак Борис Д., Ванин Ю. В.(отв. ред.), Корея глазами россиян 1895-1945) - Тула : Гриф и К, 2008. - 263-274에 재수록 되었다.(박보리스, 바닌 Yu. 공편, 이영준 역, 『러시아 시선에 비친 근대 한국. 을미사변에서 광복까지』, 성남: 한국학중앙연구원, 2016, pp. 356~371)(역자주)

[2] 하세가와 요시미치(長谷川好道)는 조선점령군인 조선주차군사령관을 지낸 인물로 1918년 데라우치 마사타케(寺內正毅)에 이어 조선 총독을 맡았다.

다. 그러나 이번에는 초기 상황이 제압되지 않았고, 종교적 의미를 가지는 전국 운동의 성격을 부여받아 전 일본인에 대항하는 방향으로 나아갔습니다. 지방 당국은 새로운 지방의 평화로운 미래에 대해 안심하고 한국인들이 자신들과 관련하여 일본의 역할이 모두 유익하다고 확실히 인정할 뿐 아니라 공식적인 발표로도 전 세계가 믿고 있으리라 보았기에 이번 운동은 전혀 뜻밖이었습니다. 따라서 행정 당국은 매우 당황스러웠으며 그것을 저지할 준비가 되어있지 못했을 뿐 아니라 진압하는 데도 오래 걸렸습니다.

스파이 무리와 자발적으로 일본을 돕는 온갖 첩자들, 대규모의 경찰과 헌병대 그리고 2개 사단으로 한반도에 배치된 일본조선군 부대조차도 일본인을 향한 한국인들의 불만스런 함성이 전 세계로 퍼져나가지 못하게 막기에는 충분하지 않았습니다. 이러한 함성은 먼 나라 미국의 한국인 이민자들에게서 처음 들려왔고, 이후 중국을 거쳐 일본의 한국인 유학생들에게 옮겨갔다가, 의원들의 지속적인 대정부 질문에서도 알 수 있듯이 이미 일제 본국의 수도 도쿄를 걱정시킬 정도의 강력한 반발의 형태로 한국 내에서 나타났습니다.

이 운동이 외부로 드러난 징후는 다음과 같이 관찰되어 집니다.

대규모의 유럽전쟁[3]이 끝나고 처음에는 노예화된 한국에 세계의 관심을 끌고 그 독립을 달성하기 위해 한국의 특별 대표단이 파리강화회의[4]에 파견된다는 소문이 돌았습니다. 이 사절단을 파견하기

---

[3] 역자주 - 제1차 세계대전(1914~1918)을 의미한다.
[4] 1919년 2월 샌프란시스코에서 이승만과 주미한인 항일 망명활동가로 구성된 대한국민회의 지도부에서 미국대통령 윌슨에게 호소문을 전달하였다. 호소문에는 위대한 열강은 한국에게 일본의 압제로부터 벗어나 해방되도록 지원해야 하며 미래 독립을 보장받을 수 있도록 도와야 하며 국제연맹에 가입을 받아들여야 한다고 적었다.

위한 비용을 한인들 사이에서 모은 것 같습니다. 중국에서 발행되는 신문들에 의하면, 이와 같은 방향의 첫 시도는 실패하여 지명된 대표단이 체포되었고 모금한 50,000엔가량의 자금이 압수되었습니다. 동일한 목적을 달성하기 위해 새로운 위원회가 형성되었다고 합니다. 이곳의 소문에 따른 전체적인 이야기5)는 사실인 것 같습니다.

이어서 한국의 독립을 추구하는 한국인 단체가 미국에 조직되었으며 파리회의에 제출하려는 청원서를 미국의 윌슨6) 대통령에게 전달했다는 소식이 등장했습니다.

중국에서 발간되는 신문들에는 재중 미국 공사를 경유하여 미국 중앙행정부에 보내려 한 한국 독립에 관한 청원서7)가 언론에 널리 언급되고 있다는 기사가 실렸습니다.

금년 2월 상반기 도쿄에서 비밀 항일 애국 단체의 존재를 드러내는 한국인 학생들의 시위가 있었는데, 학생 18명이 체포되었습니다.8) 그중 2명은 1년, 4명은 9개월, 3명은 7개월 보름의 징역형을 선

---

5) Международные отношения в эпоху империализма. Документы из архивов царского и Временного правительства 1878-1917 гг. Серия 2. Том XIX, часть 1. -М., 1939. - С. 117.
6) 역자주 – T. W. 윌슨은 1913~1921년 재임한 미국 대통령이다.
7) 역자주 – 원문은 영어본이다. Donald J. Tewksbury, Materials on Korean Politics and Ideologies, compiles by Secretariat of Institute of Pacific Relations, n.d., c. 53-54; Обращение к Америке Корейского Конгресса в США, перевод с анг. Ю. В. Ванин), К 90-летию Первоматовского народного движения 1919 г. в Корее, Материалы научной конференции(06 марта 2009 г. М.: Первого Марта, с. 144-146. 이 청원서는 1919년 4월 16일 미주 필라델피아 제1차 한인대회(Первый Корейский Конгресс, собравшийся в Филадельфии, США)에서 발표된 선언문으로 윌슨 대통령에게 보낸 호소문으로 보인다. 본문에는 Петиция(청원서)으로 되어 있으나 3·1운동 90주년 행사에서 발표된 러시아번역문에는 обращение(호소문)로 되었다.

고받았습니다.

1월 21일 이태왕(Старший экс-император Кореи Ли, 고종 황제)이 승하하였습니다. 그는 독립국이었던 예전 한국의 상징이었고, 한국을 놓고 벌어졌던 러시아와 일본 간의 전쟁 시기부터 이미 일본의 모든 술책에 대항해 왔으며, 일본에 이익을 위해 주권을 포기하는 유명한 을사늑약에 서명하기를 거부하여 왕좌를 잃었던 분입니다.9) 그의 죽음과 함께 자유롭고 행복했던 한국도 사라졌습니다. 그의 죽음 이후 무엇이 남았겠습니까? 조약에 자발적으로 서명하여 한국의 주권을 외국 이방인에게 양도해 버린 어리석은 상왕(Младший экс-император) 순종과 도쿄에 오래 거주하여 거의 일본인이 되어 버린 어린 왕자는 1월 25일 일본 혈통의 공주와 결혼이 예정되어 있습니다. 이와 같이 이태왕 고종의 죽음으로 말미암아 한국의 애국지사들은 동요하여 독립 국가의 수호자였던 고인의 영전에 절을 올리기 위해 매일 수천 명씩 궁궐로 모여들고 있습니다. 늘 그러하듯이 대중 봉기에는 온갖 흉흉한 소문이 퍼지게 마련입니다. 사람들 사이에 고종 황제가 비명횡사했다는 말이 꾸준히 돌고 있습니다.

장례식 날에는 지방에서 서울로 유입되는 한국인의 수가 너무 많

---

8) 한국이 병탄된 이후 해외 반일운동 단체 중 하나는 일본에 위치해 있었다. 일본에는 대규모 한인학생단체가 존재했다. 1916년에 벌써 7개의 단체가 있었는데, 도쿄에 5개, 교토에 1개 그리고 오사카에 1개가 있었다. 1918년 12월 28일 도쿄의 한 학생단체가 500명 정도 참석한 회의를 소집하였다. 곧이어 도쿄의 한인학생들은 비합법 조직으로 「조선독립청년단」을 결성하였는데, 항일 시위를 준비하기 시작하였다. 1919년 2월 초 600여 명의 학생들이 다시 모여 독립선언을 논의하였다. 그 문안은 조선독립청년단의 실행위원회(оперативный комитет)의 위임을 받아 작가 이광수가 작성하였다. 선언문은 일본 정부, 의회, 도쿄의 외국 대표부 그리고 여러 신문과 잡지 편집국으로 보내졌다.
9) 역자주 – 고종 황제는 1907년 일본에 의해 퇴위되었다.

아서 (30만 명 가까이 올라왔다고 말합니다) 수도를 향해 올라오는 조문객을 더 이상 받지 말라는 명령이 철도관리국에 하달되었을 정도입니다. 고인을 위한 국장을 완전히 일본식으로, 즉 신토식으로 진행하기로 한 정부의 결정은 한민족의 마음을 크게 상하게 했습니다. 한국인들은 고인을 저 세상으로 보낼 높은 제단에 두어 자신들을 굽어 살펴주길 바랬던 것입니다. 이와 같이 한국 민족이 불만을 가질 이유를 감안했을 때, 고종 황제의 죽음은 백성들이 민족적 열망을 표현하고 일본에 대한 진짜 감정을 드러낼 수 있는 최고의 기회였습니다.

  3월 1일 오후 2시 정각, 서울 전역과 다른 수많은 도시, 그리고 시골 곳곳에서 한국의 독립을 고하는 선언문이 뿌려졌습니다. 그 선언문은 모든 영사관에도 배포되었습니다. 어마어마한 사람들이 거리와 공공장소에 순식간에 모여들기 시작했습니다. 특히, 서울의 한 공원에는 주로 학생들로 구성된 인파가 4,000명 가까이 즉시 모였습니다. 그곳으로 고종 황제의 사망을 추모하며 거리를 따라 움직이던 대중들이 합류하였습니다. 대규모 4개 집단 중 한 무리는 "대한독립 만세!"를 외치며 고인의 유해가 모셔져 있는 궁으로 향했습니다. 시위대가 저지를 물리치고 뛰어 들어간 궁에서는 일본의 억압과 한국의 독립을 주제로 한 열띤 연설이 행해졌습니다. 두 번째 무리는 우체국과 은행 등 여러 기관이 위치한 도심으로 행진하여 기차역과 프랑스 영사관을 향했습니다. 세 번째 무리는 순종 황제의 궁을 향해 행진하다가 이후 미국 영사관으로 갔고, 네 번째 무리 약 3,000명 정도는 총독 관저를 향해 행진했으나 도중에 결찰의 조치로 해산되었습니다. 그리고 시위 인원 중 134명이 체포되었습니다. 저녁이 되자 도시의 여러 장소에 개별 군중들이 나타났다가 경찰과 군대의 물리력으로 해산되었습니다. 다음날, 이미 언급된 사람들 이외에도 20명의 폭동 참가자가 더 체포되었습니다. 한국의 일부 다른 지역에서도 역시 3월 1일에 이와 유사한 시위가 발생했으나 폭력과 체포가 뒤따랐습니다. 예를 들어, 평양에서는 약 800명의 감리교도들과 1,000명의 장로교도들이 고종 황제 사망에 대한 추도예배를 마친 후, 한국 독립을 선언하는 발표를 듣고 태극기를 들고 만세(Мансе - многие лета!)를 외치며 거리로 나왔습니다. 경찰은 시위대에 대처할 수 없었기 때문에 군대를 불러야만 했습니다. 군대의 도움으로 겨우 소요를 진압할 수 있었습니다. 10명의 선동자와 그 외 40명이 체포되었습니다. 이와 비슷한 시위가 진남포에서도 있었고, 20명의 시위대가 체포되었습니다. 중화(Чун-хуа)에서도 폭동이 일어나 경찰 초소가 부서졌고 9명이 체포되었습니다. 원산, 함흥, 상원(Санвон), 의주, 안주, 중산(Чхынсан), 수안(Суан) 등에서도 크고 작은 소요가 발생했습니다.

이 집회에 참가한 사람들은 공공의 질서와 안녕을 위반한 혐의로 재판을 받았으나 정치적 성격을 부여받지 못했습니다.

3월 2일과 3일의 장례식 기간에는 고인이 이승에서 저승으로 평온히 옮겨가도록 방해하지 않고 추모하기 위해 모든 대중적 불만 행동을 드러내지 않기로 결정했습니다.

3월 4일 소요가 계속되었습니다. 송도, 평양, 선천(Сончхон), 사천, 양덕(Яндок), 성천(Сiончон), 의주, 수안, 함흥 등지에서 시위가 발생했습니다. 어떤 곳에서는 소요로 체포된 사람들이 석방되지 않자 헌병대와 경찰서에 폭력을 가하게 되었는데, 이때 인명 피해가 있었습니다. 선천에서는 군중과 경찰이 충돌하여 30명이 사망하고 많은 사람이 부상을 입었습니다. 헌병대 대원이 심한 부상을 입고 나중에 사망했습니다. 300명 이상이 체포되었습니다. 황해도 사천에서는 시위대와 경찰이 충돌하여 시위대 측 12명, 경찰 측 4명이 사망했습니다. 4,000명 이상이 시위에 참가했습니다. 성천에는 6,000명 이상의 시위대가 있었습니다. 사상자는 없었습니다. 의주에서는 600명이 시위에 참가했고 그중 7명이 체포되었습니다. 군산에서는 소요에 참가한 사람 중 30명이 체포되었습니다. 송도에서는 3월 4일 몇 번의 시위가 진행되었고 매번 1,000명 이상이 참여하였는데, 그중 12명이 체포되었습니다. 순천(Сучхон)에서는 3월 2일 폭동이 시작되어 4일에도 계속되었고, 60건의 체포가 있었습니다.

여러 사건이 발생하자 총독은 대중들에게 이성을 찾을 것을 호소하는 장황한 포고문을 발표했습니다. 한반도에서 일본 주권은 견고히 영원할 것이며 한국인들의 이익을 위할 것이라는 지적과 다시 소요가 발생할 시 질서 위반자들에게 엄한 조치를 취하겠다고 위협했습니다.

이와 같은 경고와 질서유지를 위한 조치 예고에도 불구하고 소요는 계속되었습니다.

3월 5일, 서울 거리 곳곳에서 집회가 열렸고, 감정을 고무시키는 연설이 이루어졌습니다. 사람들은 한국의 자유를 요구하는 구호를 외치고 일본에 대한 저주를 퍼부었으며, 태극기를 들고 열렬히 선언문을 퍼뜨리며 행진했습니다. 경찰과 군인들은 모욕을 당하고 심지어 폭행을 당하기도 했습니다. 여러 차례 유혈사태가 벌어져서 2명의 경찰관과 2명의 헌병대원이 치명적인 부상을 당했습니다. 시위대 1명이 치명상을 입자 학생들이 특히 흥분했습니다. 구타와 폭력을 동반한 체포가 이루어졌는데, 특히 여성 교육기관의 학생들이 어려움을 겪었습니다. 그날 서울의 거리 시위로 인해 단 하루 동안

400명이 체포되었습니다. 같은 날 도쿄에서 온 한국인 유학생들의 비밀 모임이 발각되었습니다. 비밀모임 현장에 참가했던 60명과 참가하지 않았던 학생 43명이 체포되었습니다. 7시가 되어서야 흥분된 도시를 진정시킬 수 있었습니다. 서울 인근 지역 전체가 소요에 휩싸였고, 지방도 역시 그러했습니다. 예를 들어, 군산에서도 대규모 시위가 조직되어 그 결과 30건의 체포가 발생했고 선언문 2,000부를 압수당했습니다. 재령(Чэрён)에서는 3,000명 이상의 사람들이 조직적인 시위에 참가하여 20명이 체포되었습니다. 고령(Кокуніон)에서는 150명의 학생들이 시위에 참가해서 5명이 체포되었습니다. 같은 3월에 경상북도 경주에서 온 20인의 유림들이 아버지의 장례식에서 돌아오는 어린 왕자에게 한국의 정세에 대한 비망록(меморандум)을 제출하려 시도하였습니다. 그러나 모든 이들의 계획은 실패하였고 경찰에 구금되었습니다.

나라의 정상적인 생활은 파괴되어서 학생들은 휴업을 했고 일부 기관, 예를 들어 Y.M.C.A.는 행정 명령에 의해 폐쇄되었습니다. 모든 곳에서 수색이 실시되었습니다. 이에 대한 저항의 형태로 한국인 상인들과 많은 기관의 한국인 근로자들이 파업을 선언했습니다. 전차와 우체국은 업무를 멈추었고, 한국인 상점들은 문을 닫았습니다. 시위가 비무장으로 이루어졌음에도 불구하고 양쪽 모두에서 사상자가 발생했습니다. 상황은 위협적으로 변했습니다. 군대와 경찰 초소가 강화되었고 도시의 중심 지역에는 기관총이 배치되었습니다. 총독부는 각국 영사관들로부터 군중들이 모인 지역이나 거리에 나가는 것이 안전하지 못하다는 경고와 이에 대해 각국 국민들에게 전파하라는 부탁을 전달했습니다.

강력한 경고 조치로 인해 수도는 다소 안정이 되었지만 주변 지역과 지방에서는 소요가 계속되었습니다.

 3월 6일, 서울 인근에 있는 개성에서 1,000명 이상으로 이루어진 군중이 경찰서를 공격하여 5명의 경찰관이 중상을 입었습니다. 군중은 심한 구타를 당했고 시위자들 중 1명이 사망했습니다. 평양 근교에서는 상당히 광적인 상태의 시위대들이 태극기나 "대한독립 만세"라는 문구가 적힌 플래카드를 들고 거리를 따라 행진하며 경찰 초소를 파괴하였습니다. 같은 날 평안도의 강서(Kaнco), 순안, 온천(Oнчoн), 덕천, 명산(Мэнсан) 등의 여러 도시들에서도 역시 시위가 있었습니다. 엄청난 규모의 시위대가 체포되었습니다. 온천에서 경찰 초소가 전복되었습니다. 경부선 철도가 지나는 안주에서 100여 명의 청년들이 시위를 했고 경찰부대에 의해 해산되었습니다. 함흥에서도 역시 소요가 발생하여 선동자들은 체포되었지만 군중은 (100명 이상) 혁명적 행진을 계속하였습니다. 안성 근교에서는 한인 집주인들이 일본인들에게 집을 비워줄 것을 요구했습니다. 제물포에서는 학생들이 휴업을 선언했습니다. 평안남도 송교(Cиoнкио)와 대평(Тэбён)에서는 시위로 인해 6명이 체포되었습니다. 용강에서는 40명 이상이 참석한 집회가 열렸습니다. 해산하라는 설득이 소용없자 모인 사람들을 향해 발포하였습니다. 그 결과 한 명이 사망하고, 다른 한 명이 부상을 입었습니다. 황해도의 수안에서는 경찰서를 공격하려는 계획이 발각되었고 시위가 취소되었습니다.

 3월 7일, 시위가 계속되었습니다. 평안북도 초산에서 시위가 발생하여 5,000명 이상이 태극기를 들고 행진했습니다. 그들은 관공서에 돌을 던졌습니다. 화력도 없는 도검류지만 경찰에 맞서 견결히 저항했습니다. 군인들은 군중을 향해 처음에는 공포탄을 발사했지만 소용이 없다는 것을 보고 실탄을 넣은 총을 발사할 수밖에 없었습니다. 3명이 사망했고 20명이 중상을 입었습니다. 선동자는 체포되었습니다. 용천(Ёнчхон)에서도 시위가 있었습니다. 200명이 시위에 참가했는데 그중 6명이 체포되고 나머지는 해산되었습니다. 영변(Ёнбён)에서는 35명이 시위에 참가하였고 수장은 체포되었습니다. 덕천(Токчхон)에서 600명의 시위대 중 40명이 체포되었습니다. 읍(Оп) 터널 근처에서 1,000명 이상이 모여서 위협적인 상황을 만들었습니다. 서울 주변의 송도에서 700명이 참가한 시위가 발생했는데, 이들을 해산시키는 일이 상당히 어려웠습니다. 학생들이 휴업을 했습니다. 적극적인 참여자는 체포되어 경찰서에서 채찍질을 당했습니다. 함경남도에서는 군중에게 시위를 선동했던 13명이 체포되었습니다. 같은 날 저녁, 200명이 총독부와 헌병초소를 에워싸고 "대한독립 만세"를 외쳤습니다.

  3월 8일 대구에서 대규모 시위가 일어났습니다. 200명 이상이 체포되었습니다. 경찰들은 전날 시위가 있을 것이라는 정보를 입수하였고 주동자를 체포했습니다. 군인들이 도시를 지켰음에도 수천 명이 모인 시위가 발생했고, 군중을 해산시키는 데 어려움을 겪었습니다. 영덕에서는 12명의 한국인이 헌병 초소를 공격했는데, 전원이 체포되었습니다. 이곳에서만 총 181명이 체포되었습니다. 전라남도 광주에서는 마치 외국인이 주도한 것으로 보이는 500명 규모의 시위가 열렸습니다. 군중은 쉽게 해산하지 않아 20명이 체포되었습니다. 군산에서 온 소식에 따르면 3월 5일부터 8일 사이에 폭동과 관련하여 최대 60명까지 체포되었습니다. 12명의 학생들이 혹독한 매질을 당한 후 풀려났습니다. 원산에서는 폭동에 연루된 14명이 체포되었습니다. 부산에서 시위가 있었습니다. 학생들이 휴업을 했습니다.

  3월 9일 새로운 시위가 열렸습니다. 황해도 재령에서 인상적인 시위가 벌어졌습니다. 약 500명이 모였는데, 시위대를 향해 발포하였고 그 결과 한 명의 헌병과 세 명의 시위대원이 부상을 당했습니다. 평안남도 함종(Намджон, 咸從)에서는 시위와 관련되어 40명이 체포되었습니다. 체포 당시 군중이 저항을 하였고 그 결과 군중 중 한 명이 사망했고 또 한 명이 중상을 입었습니다. 이원(Ліон)에서 약 100명의 한국인이 경찰서를 습격했습니다. 군중을 평화롭게 해산시키려는 시도는 실패하였고 결국 총을 쏘았습니다. 그 결과 사망하거나 중상을 입은 희생자가 40명에 이르렀습니다. 헌병 1명이 중상을 입었습니다. 대구에서는 약 100명이 다시 시위를 벌였고 어렵게 해산되었습니다.

3월 10일, 무장한 한국인 150여 명이 평안북도 이원(Ривон)에 와서 헌병대를 습격하였고, 이전에 체포되어 있던 30명을 석방하여 그들에게 합류시켰습니다. 헌병대 청사의 유리창이 깨졌고, 반란군이 청사로 들어가 힘으로 위협하였기 때문에 헌병대는 무기에 의존할 수밖에 없었습니다. 반란은 진압되었습니다.

평안북도 맹산(Мэнсан)에서 약 100명이 헌병대를 습격했습니다. 그 결과 50명의 반란군이 사망하거나 중상을 입었습니다. 일본 헌병이 죽었고 한국인 헌병은 중상을 입었습니다. 약 100명이 평안북도 개성에서 시위를 벌였습니다. 시위를 제압하는 과정에 시위대 1명이 사망했고 또 1명이 중상을 입었으며, 수장은 체포되었습니다. 함경도 신흥(Синхын)에서 약 500명이 헌병대를 습격하고 해산되었습니다. 함경도 단천에서는 헌병대가 반군들에게 포위되었는데, 진압 과정에서 이들이 해산을 거부하고 손에 무기를 들고 저항한 결과 몇몇 희생자가 발생하였습니다. 성진에서는 약 40명의 학생들에게 200명 정도의 기독교인들이 합류하여 큰 시위를 벌였습니다. 다소 어렵게 해산되었습니다. 수백 명의 한국인들이 전라남도 광주에서 적극적인 시위를 벌였습니다. 몇몇 반란군을 체포한 이후 시위대는 해산하였습니다. 평양에서는 새로운 시위와 관련되어 300명 정도가 체포되었습니다. 황해도 수안에서도 소요가 관찰되었는데, 150~170명의 기독교인들이 시위를 주도하고 해산되었습니다.

3월 11일, 약 100명의 한인들이 부산 인근의 부산진에서 시위를 벌였다가 해산되었습니다. 황해도 안악에서 300명의 시위대가 돌을 던지는 등 매우 폭력적으로 행동하며 헌병대를 위협했습니다. 평화적인 방법이 실패로 끝나자 헌병대는 총을 쏘았습니다. 몇몇 일본 헌병대와 한인 헌병대원이 부상을 당했습니다. 2명의 시위대원이 사망했습니다. 함경남도 북청에서는 시위 대중이 장터로 나왔다가 몇몇이 체포되었습니다. 약 700명의 기독교인들이 함경북도 성진의 제동병원에 모였다가 거리로 뛰어나와 일본인을 향해 무력을 행사했습니다. 2시간 동안 애를 쓴 후 군중이 해산되었습니다. 시위대 몇몇이 사망했습니다. 철원에서는 경원선을 따라 700명이 시위를 진행했습니다. 주모자들이 체포된 후 해산되었습니다. 300명의 군중들에게 시위를 선동했던 순길학교 학생 일부는 경찰에게 가혹한 형벌을 받았습니다. 평안북도 남시(намси)에서는 300명의 군중이 헌병대를 공격하였고 15명이 체포되었습니다. 경상남도 진주에서도 소요가 관찰되었습니다. 아주 어렵게 거리의 무질서를 예방할 수 있었습니다. 마산포에서는 항의의 뜻으로 창신학교 선생님들 전원이 사임했습니다. 경기도 안성에서는 50명의 한국인이 시위를 일으켰습니다. 평화로운 방법으로 해산되었습니다.

3월 12일, 한국인 12명의 서명이 있는 기록문이 총독에게 제출되었는데, 3월 1일 널리 알려진 대한독립선언에 대한 언급이 있었는데, 전 한국인이 위대하고 거룩한 신념이라 평하면서 동방의 정의와 평화 수호를 위하여 총독이 발표된 진실을 따를 것이라 확신한다 했습니다. 평양에서 도착한 8명의 한국인이 서울의 대로 한 곳에서 군중에게 반정부 행동을 선동하다 체포되었습니다. 황해도 창령(Чан-ioн)에서 3,000명의 군중이 시위를 벌였습니다. 황해도 송화에서 약 200명의 한국인이 헌병대를 공격하고 상당히 폭력적으로 행동했습니다. 헌병대는 무기를 사용할 수밖에 없었습니다. 그 결과 시위대원 중 1명이 중상을 입었고, 4명이 경상을 입었습니다. 2명의 한국인 헌병이 경상을 입었습니다. 약 1,000명의 한국인이 함경북도 길주에서 관청을 공격하며 위협하다 해산됐습니다. 청진에서도 소요가 관찰되어 경찰에 기병대와 기관총이 지원되었습니다. 성진에서 소동이 있었습니다. 간도에서는 중국 병사들이 소요를 진압하였고 14명이 사망하고 30명이 부상을 입었습니다.

  3월 13일, 경부선 연변에 위치한 조치원(Чоживон)에서 약 150명의 시위대가 시위를 벌일 계획으로 모였습니다. 헌병대와 경찰 부대는 8명의 지도부를 체포한 후에야 소요를 가라앉힐 수 있었습니다. 약 2,000명의 한국인들이 부산 인근의 동래(Тоннэ)에서 격렬한 시위를 진행했습니다. 경상남도 밀양에서는 수천 명의 군중들이 소동을 일으켰습니다. 7명이 체포되었습니다. 함경북도 회령과 명천에서 소요가 관찰되었습니다. 경찰을 지원하기 위해 군대가 파견되었습니다. 전라북도 전주에서 시위가 발생했고 체포되었습니다. 4명의 한국인 목사들이 경상북도 경주에서 시위를 조직하려 한 것이 드러나 체포되었습니다. 시위는 열리지 않았습니다. 수백 명의 군중이 밀양에서 시위를 벌였고 해산되었습니다. 진주에서는 폭동으로 위협적인 상황이 발생했습니다. 학교는 문을 닫았습니다. 군대가 폭동을 진압하기 위해 도착했습니다. 함경남도 정평(Чхонбён, 定平)에서 군중이 헌병대를 공격했습니다. 헌병들은 총을 쏠 수밖에 없었습니다. 함경남도 선덕(Сондок)에서는 경찰이 무기를 발사하고 나서야 500명의 한국인들이 해산되었습니다. 반란군 4명이 부상을 당했습니다.

3월 14일. 명천에서 시위대 5,000명에게 헌병대가 공격을 받았습니다. 헌병대는 무기를 사용했습니다. 그 결과 많은 사상자가 발생했습니다. 함경남도 풍산에서 약 한국인 약 1,000명이 헌병대를 공격했습니다. 반격을 하면서 시위대 2명이 사망했고 일부 몇 명이 부상을 당했습니다. 충청남도 옥구에서 약 300명의 한국인이 경찰서를 포위했습니다. 6명의 주동자가 체포된 후 해산되었습니다.

3월 15일. 경기도 가평(Капхён)에서는 약 800명이 관청 근처에 모였습니다. 시위가 5시간 동안 계속되었습니다. 군중은 헌병대가 어렵게 해산시켰습니다. 주동자들이 체포되었습니다. 경기도 양주에서 500명의 한국인들이 헌병대를 공격했습니다. 헌병대의 발포 후에 군중은 해산되었습니다. 의주 근처의 광평(Кванбён)에서 약 300명의 한국인들이 산림청을 공격했습니다. 경찰 측에서 1명의 헌병이 부상을 당했고 많은 시위 군중이 사망했습니다. 명천에서는 시위가 반복되었습니다.

3월 16일. 가평, 유성, 홍원(Хон-уон)에서 각각 300명에서 700명의 군중이 참여한 돌발적 시위가 있었습니다. 유혈사태 없이 넘어갔습니다.

3월 17일. 서울의 미국 병원에 대한 수색이 실시되었습니다. 일부 개인들이 반란에 관여했다는 중요한 증거가 발견되었습니다. 간도에서는 한국과 시베리아에서 온 한국인들이 일본에 저항하는 무장

봉기를 조직했습니다. 일본인들은 자경단을 만들었습니다. 그 결과 유혈사태가 벌어져서 17명의 한국인이 사망했습니다. 약 500~600명의 무장된 한국인들이 두만강의 중국 쪽 강변에 나타나서 항일 선동을 수행했습니다. 이를 진압하기 위해 헌병대와 경찰 부대를 파견했습니다. 경상도 예안(Ле-ан)의 시장에 모인 군중들에게 시위를 선동하던 약 60명의 한국인들이 태극기를 들고 "만세"를 외치며 3시간 동안 분노했습니다. 경찰의 조치로 해산되었다가 헌병대 주위에 재집결하여 체포된 사람을 석방할 것을 요구하며 무력을 행사했습니다. 진압하면서 여러 명이 사망했습니다. 함경남도 영흥에서 시위가 있었습니다. 서울에서 시위를 열려는 시도가 있었고, 100명 이상의 학생들이 붙잡혀서 경찰서에서 심한 체벌을 받은 후에 가족에게 인계되었습니다.

3월 18일. 제물포 근처의 강화도에서 수천 명이 참가하여 대대적인 시위를 벌였습니다. 경찰을 돕기 위해 군대가 파견되었습니다. 약 150명이 황해도 수교(Сукё)에서 헌병대를 공격했고, 지도자들이 체포되었습니다. 영암에서 심각한 소요가 벌어졌고 그 결과 유혈 충돌이 발생하여 여러 명의 반란군이 사망했습니다. 일본군 헌병이 부상을 당했습니다. 명천에서 소요가 재개되었습니다.

3월 19일. 동해안의 영해(Лион-хэ)에서 천여 명의 군중이 경찰서를 포위했습니다. 어렵게 해산되었습니다. 안동에서 시위가 벌어졌습니다. 동해에서 군중이 경찰서를 공격했습니다. 경상남도 함안에서 과격한 시위가 벌어져 관청이 공격을 받았습니다. 군대가 소집되었습니다. 진주에서 시위가 발생했습니다. 낮 3시에서 저녁 12시까지 계속되었습니다. 경상남도 협천(Хёпчхон)에서 큰 소동이 벌어져서 체포되었습니다. 약 1000명이 경상북도 도리(Дори)에서 시위를 주도하여 군중이 경찰 관리를 공격했습니다. 난투 속에 2명이 사망했고 3명이 중상을 입었습니다. 경신학교의 선생님들이 학생들에게 시위를 독려했고, 체포되었습니다. 강화도에서도 소요가 계속되었습니다.

3월 20일. 목포 근처에 위치한 무안에서 약 150명이 시위를 벌였고, 지도부가 체포되었습니다. 목포에서 시위가 있었습니다. 함경남도 이원(Лиюон)에서 군중이 헌병대를 공격하였고, 진압 과정에서 1명의 시위자가 사망했습니다.

한국인들은 소요 초기부터 석판 인쇄 방법으로 「대한독립선언서」를 발행하기 시작했습니다. 당국은 지금까지 출판 장소를 알아내지 못했습니다.

3월 20일까지 전개된 대략적인 사건 목록이 아직 완성되지 않았기에 현 상황을 정확히 설명하지는 못합니다. 사건에 대한 자세한 설명과 규명이 이루어지면 일반적인 보고 수준을 훨씬 넘어설 것입니다. 전체적인 상황은 다음과 같습니다. 처음에는 평화로운 시위와 탄원의 형태로 표현되었던 소요가 지도층의 체포 및 그들의 석방에 대한 거부 이후 헌병대와 경찰에 대한 공개적인 분노와 폭동으로 바뀌었습니다. 헌병대와 경찰이 가두시위대에 잔인한 조치를 취하여 대대적인 체포가 이루어졌고, 그 뒤 체포된 사람들을 강제로 석방시키려는 시도가 이어졌으며, 그 결과 피할 수 없는 피의 충돌과 사상자가 발생했습니다. 일본인 거주자와 그들의 재산은 현재까지 피해를 입지 않았습니다.

수도에서 시작된 소요사태는 이처럼 지방으로 옮겨갔습니다. 시위가 북단을 지나고 국경을 넘어 러시아에 인접한 간도 지방, 그리고 모두가 알고 있는 블라디보스토크까지 퍼져나갔습니다. 시위는 각 항구 뿐 아니라 나라 방방곡곡에서 모두 일어났습니다.

현재 시위는 한국 전역에서 진행되고 있습니다. 학생들은 학교에 나가지 않고 있습니다. 한국인 상인들은 물건을 팔지 않습니다. 도시에는 군대가 순찰을 돌고 있습니다. 여기저기에서 체포가 이루어집니다. 군부대가 한 지방에서 다른 지방으로 이동합니다. 곳곳에서 일본인들이 반란을 진압하면서 보여준 전례 없는 잔인한 행동과 저지르지도 않은 범죄에 대한 자백을 강요하는 고문, 젊은 한국인 여인이 알몸으로 취조를 받거나 한국인들이 무릎을 꿇은 채 얼굴을 땅에 대고 증언을 해야 하는 멸시를 받은 모욕에 대해 이야기합니다. 아마도 이러한 것들로 인해 일본인에 대한 한국인의 적개심이 가라앉지 않고 더 강해지는 것 같습니다. 조세를 내지 말라거나 시민의 의무를 이행하지 말자거나, 일본인들과는 어떤 식으로든 얽히지 말고 방화 등으로 위협하자는 격문이 등장합니다. 일본에 대한 적대감은 삶의 소소한 것들에서 표현됩니다. 밤에 서울 주변의 산에 있는 높은 나무들에 태극기가 걸리는데, 국기를 내릴 수 없도록 하기 위해 나무에 온통 더러운 것들을 발라놓습니다. 학생들은 대담한 장난을 치게 되어서, 예를 들면, 총독이 참석한 한 졸업 행사에서 졸업생 중 한 명이 스승들을 향해 감사 연설을 마치고 난 후, 자신의 품속에서 태극기를 꺼내어 우렁찬 소리로 "만세"를 외쳤고 이는 식장 전체에 울려 퍼졌습니다. 이밖에도 여러 가지의 터무니없는 소문이 생겨납니다. 윌슨 대통령이 한국을 방문할 것이라는 둥, 미국 함대가 한국인을 돕기 위해 한국 바다에 출현했다는 둥의 말이 있습니다. 그리고 이와 같은 소문의 거친 파도가 언제 가라앉을지 알 수 없습니다.

모든 공식 보고서에는 최근에 새롭게 등장한 종교인 천도교[10]와 기독교 추종자들이 소요에 주도적으로 참가하고 있다는 사실이 언급되어 있거나 또는 그들이 운동에서 지도자의 역할을 수행하고 있다는 것이 지적되고 있습니다.

  운동의 주요 지도자들은 자신의 이름을 감출 필요가 없다고 생각했습니다. 한국의 독립을 선언하고 반란의 신호를 드러내며 한국 전국에 뿌려진 첫 번째 선언에서 그들은 자신의 이름을 모두 밝혔으며, 그 결과 너무나 당연히 모두 체포되었습니다. 그들은 거의 대부분이 종교 단체에 속했으며 지도자적 위치를 차지하고 있는 것으로 밝혀졌습니다. 체포된 30명 중 천도교 신도가 15명, 불교 스님이 2명, 감리교 목사가 2명, 장로교 전도사가 2명, Y.M.C.A. 회원이 4명, 종파가 알려지지 않은 기독교 전도사 1명, 기독교 공동체「동방선교회 Orient missionary Society」의 목사 1명, 미국 기독교 병원 근무자 1명, 교사 1명 그리고 특정 직업이 없는 남성 1명이 있습니다. 모두 한국인들입니다.

  보시다시피 천도교 신도들이 반란 조직에서 중요한 지위를 차지하고 있습니다. 현재 체포되어 있는 이 종교 단체의 수장이자 운동

---

10) 19세기 말 러일전쟁 1904~1905년 직전 한국 정부의 압박과 내부 반목이 깊어지자 종파 동학이 약화되었다. 동학 지도부의 일부가 이용구, 송병준, 윤시병 등을 대표로 하는 친일 단체「일진회(Единое прогроссивное общество)」를 1904년 여름에 구성하였다. 대중에 대한 동학 종파의 영향력을 유지할 목적으로 손병희는 매수된 자들로부터 경계를 짓기 위해 이용구와 송병준 추종자 60여 명을 종파에서 몰아내고 1906년 종교정치단체 천도교(Чхондогё-하늘로 인도하는 교리)를 창설하였다. 교리의 원칙은 동학 원리와 거의 다를 게 없다. 이 교리는 '사람이 하늘(人乃天)'이기에 사회는 개인들의 집합체로서 선택된 개개인의 발전을 무시할 수 없으며 사회의 협조적, 화합적 영향이 없이 최고 완성단계에 도달할 수 없다. 이로부터 "사람을 대하는 것이 그와 같기에 만일 그가 신이라면," 다른 말로 하자면 그의 사회적 지위와 무관하게 존경해야 한다는 결론이 나온다. См. : В. И. Шипаев, Корейская буржуазия в национально-освободительным движении. - М., 1966. -С.61-63.

의 최고 지도자인 손병희는, 1824년 태어난 한국인 최제우에 의해 창시된 종교 단체의 세 번째 교주입니다. 손병희는 위대한 과거를 지닌 종교 단체의 수장입니다. 과거 동학 봉기에 가담하였고, 청일 전쟁 시기에 한국이 중국으로부터 해방될 것을 바라면서 일본의 편에 서서 중요한 역할을 수행하기도 했습니다. 일진회의 반란에 연루되어 이 단체가 일본에 의해 폐쇄된 후, 그는 상해로 떠났고, 나중에는 일본에 거주했습니다. 그는 1903년에 조국으로 돌아왔고 천도교 전파에 전념하였습니다. 믿음을 전파하는 것 이외에 그는 교육 활동에 종사하여 천도교 단체의 비용으로 부담하는 보성 중등, 고등학교와 동덕 여학교 및 다른 곳에서 선생님으로 활동하였습니다. 그는 현재 61살입니다.

천도교 사상은 한국 민중의 마음에서 개별 신과 영혼의 불멸에 대한 믿음으로 발전해왔고 정의와 순수성 그리고 행동의 정직을 요구했습니다. 또한 나라의 억압을 느낀 모든 한국 애국자들, 한때 중국의 속국이었던 시절 이에 저항했던 동학도나 구 일진회 회원은 물론이요, 1차 세계대전의 결과물인 민족자결주의, 그 어떤 유형의 폭력, 특히 민족적 폭력을 반대한다는 사상을 먹고 자라난 새로운 세대 모두의 염원을 모았습니다. 천도교는 과거의 위대함을 되찾고 국정에 직접 참여하는 것을 꿈꾸는 일부 한국 명문 귀족들의 도덕적 지지를 확실히 얻었고, 아마도 물질적 지원도 받았을 것입니다. 사회 모든 계층의 상태에 반응하면서 천도교는 쇼비니즘이 아닌 심오한 민족주의로 판명되었고 결국 현재의 운동에 사상성을 부여하였습니다. 짧은 시간에 손병희는 많은 추종자들을 얻었고, 그의 노력 덕분에 종교단체 천도교는 상당한 재산을 가지게 되었습니다. 공식 자료에 따르면 작년 12월에 신도가 1,082,936명이었고, 조직의 재산은 수백만 엔에 이릅니다.

　천도교도들은 이 운동에서 지도자의 역할을 수행하여 시위에 적극적으로 참여하였습니다. 다른 모든 열성 신도들과 마찬가지로, 그들은 자신들이 성취하고자 하는 의도의 올바름에 대한 확실한 믿음을 가지고 불행, 박해, 죽음의 경우에도 내세에 불멸의 왕관을 찾을 것이라는 확신에 차서 거리로 나갔습니다. 손병희는 운동 중 사망한 사람들이 즉각 천국에 갈 것이라고 자신의 추종자들에게 널리 알렸습니다. 그 어떤 난관에도 불구하고, 심지어 경찰이 예정된 시위를 점령하고 이를 막기 위해 모든 조치를 다 취했을 때조차 군중은 모여들었고 한국의 독립 선언을 호소했습니다. 많은 사람들이 곧바로 죽음을 향해, 그것이 아니라면 적어도 추적, 체포, 재판, 징역, 모욕적인 태형을 향해 그대로 걸어갔습니다. 그 어떤 것도 그들을 막지 못했습니다. 목격자의 증언에 따르면, 박해자의 손은 진실로 무자비했던 것으로 판명되었습니다. 처형, 폭행, 매질 등 이 모든 것들이 불법적 장소에서 광범위하게 사용되었습니다. 현재 체포된 사람은 최대 5,000명에 이릅니다. 그들은 모두 견디기 힘든 수사와 가혹한 재판, 그리고 당연히 잔인한 형벌을 기다리고 있습니다.

　한국인 기독교인들, 기독교 학교의 학생들, 특히 미국 선교사들에 의해 개종된 학생들의 현저한 시위 참여도는 수도인 도쿄 언론과 국회가 외국인 선교 지도자들, 특히 미국인 선교사들은 한국 반란의 선동자로 공격할 빌미를 제공했습니다. 전혀 이상할 게 없는 것이 전 현지 외사국장 고마쓰(小松)는 외국인 선교사들이 폭동을 선동했다며 특히 강력하게 비판했고, 그의 인터뷰는 도쿄 신문에 널리 실렸습니다. 저는 모든 외국인 종교 지도자와 선교사들과 친분이 있고, 지난 7년 동안 한국에서 그들의 삶을 지켜봤기 때문에 확신을 가지고 말하건대, 이 주장들은 적어도 근거가 없고, 어쩌면 죄 없는 사람에게 죄를 전가시키려는 의도를 가지고 있다고까지 할 수 있습니다. 현재 이곳의 선교사들은 이 나라의 정치적 삶에 관여하는 것과는 전혀 거리가 멀고, 오히려 반대로, 쓰디쓴 경험을 통해 배운 바에 의하면, 항상 의심을 받는 상태에서 그들은 대부분의 경우에 삶의 방식에 있어 고행자이며, 세계관에 있어 고귀한 기독교도인으로서, 어떤 형태로든, 특히 정치적인 성격에서는 그 어떤 폭력도 장려하고 있지 않기 때문에 이 경우 선동의 출발이라기보다는 억제의 출발이라고 확신합니다. 특히, 미국의 선교는 계몽적인 전문가이자 유명한 한국학 학자인 게일(J. S. Gale)의 지도를 받고 있는데, 그는 반란 행동을 부추긴다는 비난과 거리가 먼 사람입니다.

현 운동의 발생원인 및 한국인 기독교인들의 시위 참가의 원인을 규명할 때, 흔히 제시되는 일반적인 성격 이외에도, 외국인 선교사들이 지역 계몽주의자들보다 더 교육받은 사람들이고, 이로 인해 그들에게 영적인 지도를 받은 한국인들이 다른 동포들에 비해 상대적으로 더 나은 일반 교육을 받았다는 사실을 반드시 고려해야 합니다. 이는 한국인 기독교인들이 주변의 좋지 않은 정치적 상황에 대해 일본 학교에서 교육받은 사람들에 비해 더 의식적인 태도를 가지고 저항할 수 있도록 독려합니다. 기독교 학교에서 제공하는 더 나은 일반 교육과 개발 때문에 독립적인 한국인들은, 특히 애국심이 강한 한국인들은 자신들의 아이들을 토착민을 위해 만든 증오스러운 일본 학교보다 기독교 학교를 더 선호하고, 기독교 학교에서 공부하는 학생들을 가장 저항적인 분자로 만들어냅니다. 한국인 기독교인들의 운동 참여는, 모든 다른 종교 귀의자들과 마찬가지로, 성취욕과 어떤 경우에는 정의로움이 기독교 귀의자들을 독려하고 있는 것이라고 설명할 수 있습니다. 특히 미국인들 사이에서 높은 위치에 있는 사람들은 가까운 시기에 하늘나라에서 보상을 받을 것이라는 자신의 믿음을 행동으로 보여줍니다. 그렇다고 이 모든 것들이 반역을 교사했다는 이유로 외국인 선교사들을 비난할 권리를 주는 것은 아닙니다. 현재의 소요에 선교사들이 무관하다는 것은 사건의 실제 상황에 의해 가장 확실하게 증명됩니다. 사실, 반란에서 선교사들이 중요한 역할을 수행했다는 것을 보여주는 경우는 단 한 건도 지금까지 발견되지 않았습니다. 아시다시피, 범죄적 선동에 대한 그와 같은 비난은 조사 자료에 의해 반박되었습니다. 수색이나 체포가 있었지만, 그것은 중상에 의한 것이든, 오해에 의한 것이든, 의심할만한 확실한 증거가 없는 것이었습니다. (예를 들면, 부산에서와 같이)

현지 총독부도 외국인 선교사들에게 반란 선동의 죄를 묻는 것을 부정하고, 한국에서 영어로 발행되는 공식 기관지 『서울 프레스』(*Seoul Press*)에 고마쓰에 대한 강력한 비난을 게재하며 그의 발언을 어리석다(foolish statement) 논했습니다. 폭동과 관련하여 이곳 지역 개인 신문인 『조선 신문』(*Чосень Синбун*)에 외국인 선교사들이 반란을 선동했다고 비난하는 불쾌한 기사가 등장했고, 지방 외교국 관리가 모든 영사관을 방문하여 발생한 사태에 대해 깊은 유감을 표현하며 총독이 소요사태에서 외국인 선교 지도자들을 비난하고 있다는 소문을 부인했음을 밝힙니다.

현재 운동의 원인을 분석하면서, 그 원인이 긍정적인 측면에서든 부정적인 측면에서든, 운동이 일본의 전반적인 한반도 정책에서 기인했다는 점을 언급하지 않을 수 없습니다.

한국인은 4천년의 역사와 고유한 사회 양식, 독특한 생활 및 인종적 특성을 가졌으며, 신체적으로 건강하고, 지적, 도덕적으로 자질을 갖춘 2천만 명의 인구로 구성되었습니다. 한국은 일본에 점령될 무렵에 5,000명의 무책임한 관리들에게 둘러싸인 전제자의 통치하에 끔찍한 악몽을 겪은 상태였습니다. 인구의 1/5은 어떤 의무도 없이 모든 권리를 누리는 양반이었습니다. 그들은 법적 특권을 누리며 가능한 모든 백성을 억압하고, 법적 특권을 이용하여 백성에게서 살아갈 수 있는 모든 가능성을 박탈할 수 있었습니다. 조악한 정당 발달, 관직 매매, 뇌물수수, 사유재산의 몰수는 궁전에서 일반적인 일이었고, 전국 방방곡곡의 지방 관원들에까지 퍼져 있었습니다. 생명과 재산의 안전이 보장되지 않았습니다. 부자들은 강탈을 피하기 위해 고의로 오두막집에 살며 넝마를 걸치고 다녔습니다. 공정한 재판은 존재하지 않았습니다. 이토 통감의 표현에 의하면, 재판관이 가장 큰 범죄자였기 때문일 것입니다. 감옥은 여자와 아이에게까지 가장 끔찍한 고문을 가하는 생지옥이었습니다. 노예제로 통치되고 있었습니다. 빈곤은 끔찍했습니다. 도시는 황폐하여 흉측하기 짝이 없었습니다. 국제관계에서 한국은 평화에 대한 끊임없는 위협이었고, 외국 세력 사이에서 욕망과 경쟁의 대상이 되었습니다.

자신들에게서 모든 것을 빼앗아가는 양반과 관리들이 존재했던 이전 정부의 통치를 받던 한국인은, 가능한 모든 폭력을 참아내야 하고 공정한 사법에 대한 일말의 기대조차 없는 상황에서, 또한 모든 에너지와 활동이 근본적으로 손상된 조건 속에서, 물질적으로는 빈민 상태에 처했고 정신적으로는 적극적인 반대를 표현하지 못하는 부끄러움을 모르는 존재의 모습을 보였습니다.

일본인들은 완전하게 통제되지 않는 남용들을 없앴습니다. 사회적 장벽이 파괴되었습니다. 법원은 문명화된 국가의 현대적 사고의 요청에 맞게 설립되었습니다. 왕실에서 몰수된 돈은 도로 건설에 투자되었습니다. 자산가는 관리들의 권력 남용으로 인해 빼앗겼던 토지에 대한 권리를 회복하였습니다. 항구 시설이 설치되었습니다. 철도와 신작로가 전국에 걸쳐 망을 형성했습니다. 농업과 산업이 번성하기 시작했습니다. 병원이 문을 열었고, 전국 단위에 의료 지원이 조직되었으며, 위생시설이 공급되었습니다. 과학적 자료에 따라 상수도가 현대식으로 마련되었습니다. 한국의 주요 식량인 쌀의 생산이 합병 이후 50% 증가했고, 일부 다른 품목의 생산은 그보다 훨씬 더 늘어났습니다. 문자 그대로 한국은 변모했고, 한국인의 지위는 독립국이었던 시기와 비교하여 무한히 향상되었습니다.

한국에 대한 일본의 통치의 외형적 결과는 그와 같았습니다.

그러나 이 빛나는 정책은 자신만의 어두운 면이 있었습니다. 나라의 물질적, 정신적 복지를 향상시키려는 이 정책은 한국인들을 충성스런 일본 시민으로 전환하고, 지역 주민을 일본 주민과 섞어서 동화시키려는 단 하나의 사상으로 가득 차 있습니다. 일본인들은 이 사상을 실행함에 있어 명확성을 충분히 보여주지 못했습니다. 일본인들은 한국인들에게 문화적 혜택을 제공하면서 한국의 민족 신앙을 모욕하고 영혼을 강탈하며 그들을 비하하고 모독했습니다.

한국 황제의 희망으로 이토 통감이 처음 발의하여, 황제의 이름으로 만들어졌던 일본화 정책은 데라우치 총독 이후 잔인한 형태의 경찰 조치로 바뀌었고, 그 결과 한국인들에게 지상의 신과 같은 존재인 황제와 그의 가족은 개인 자금과 그들의 국유지를 빼앗기고, 국정에 참여할 수 없게 되었습니다. 뿐만 아니라 마치 수감자 같이 아버지와 아들이 만날 때조차 일본 관리가 참석할 지경으로 모든 행동을 철저하게 감시당하는 포로와 같은 상태가 되었습니다. 나라 전체에 헌병 기관의 조직망이 갖춰졌고, 그 기관들은 반일사상을 감시하고 보고하며 제어해야 할 의무가 있었습니다. 이 제도는 필연적으로 학대와 선동적 대응, 즉 선행에 대한 감사의 인사, 합병 기념일 축제일에 열렬한 기쁨의 표현, 수뇌부를 향한 진상 등등을 강제하는 일을 가져왔습니다. 예를 들어, 4년 전 군산에서 "감사한 마음을 지닌" 한국인들에 의해 합병을 기리는 기념비가 당국의 노력으로 건립되었습니다. 그러나 한국인들은 막상 그 개막식에, 당시 지역 일본 신문의 표현에 의하면 "비로 인해" 나타나지 않았습니다. 이러한 경찰 시스템은 한국의 정신적인 삶의 모든 측면에 적용되었습니다. 그들은 한국인의 민족성을 말살하고 일본식 감정과 사상을 주입하여 충성스런 일본 시민으로 만들고 싶어 했습니다. 특히 다음과 같은 일이 벌어졌습니다.

1) 기독교 학교를 포함한 모든 학교의 프로그램에서 한국어 및 한국 문학, 한국 역사, 한국 지리학 수업을 폐지하고 일본 과목으로 대체했습니다. 또한 한국인들을 일본화 시키기 위해 사실을 왜곡하고 한국의 모든 것을 모독한 교과서로 날카로운 감시 속에 일본어로 수업을 진행합니다. (극동 국가들의 건국 신화에 대한 해석을 예로 들 수 있습니다. 일본 시조의 동생에 의해 한국이 건국되었다고 주장합니다.)

2) 보조금 지원을 통해 일본 종교의 전파를 후원하고(긴케이-가쿠-인), 한국의 민족 종교를 훼손시켰으며(고인이 된 고종 황제의 장례식이 대표적인 예입니다), 학교 교과목에서 종교적 율법 학습을 없애버리는 방법을 통해 당시 한국에 널리 퍼져있는 기독교를 제약했습니다.

3) 관습법에 대한 충분한 존중이 없이 일본식 예에 따라 행정기

관, 사법기관, 경찰기관을 도입하였고, 오직 일본어로만 업무를 진행하였으며, 행정기관에 모든 종류의 사회단체를 감시할 수 있는 긴급권을 제공했을 뿐 아니라 경우에 따라 사법 기능도 제공하였습니다. 그리고 모든 고위직을 일본인으로 배치했습니다.

4) 구두 및 인쇄물로 된 언론의 자유를 속박하고, 한국어로 된 사설 신문의 발행 및 정부의 조치를 비판할 가능성을 무조건적으로 금지하였습니다.

5) 한국인의 고유한 특성을 발전시키기 위한 모든 종류의 사회 활동을 억압합니다. 이러한 조치 외에도 조선총독부는 한국인들보다 일본 이민자들이 확실히 더 좋아하는 일련의 체계적 행위와 입법 조치를 마련했습니다. 이와 같은 명백한 불공정은 다음과 같이 나타났습니다.

1) 한국인들이 좋은 국유지를 경작할 수 있는 가능성을 박탈하고, 때로는 다양한 구실로 원 소유자로부터 땅을 빼앗아 일본인들에게 제공하며, 자국의 필요에 맞춰 새로운 식민지를 전체적으로 조정했습니다. (이러한 정책의 도구로 동양척식주식회사[11]가 있습니다.)

2) 시민 지위에서의 불평등을 보면, 일본인들에게는 가하지 않는 체형이 한국인들에게 가해졌습니다.

3) 업무 수행에서의 불평등을 보면, 동일한 직위에 있는 일본인에

---

[11] Восточно-колонизационная вкционерная компания로서 "Тое такусёку кабусики кайся" 이 회사는 1908년 활동하기 시작했는데, 주요 활동 목표는 한반도의 식민화에 있었다. 동척(東拓)은 토지, 건축물 등 물건을 매점한 후 판매, 일본 이민농들의 한국으로의 이주나 징집, 한인농민들보다 먼저 취득한 토지를 한인농민들에 임대, 농기구, 종자, 비료 등 강매하는 일을 했다. 동척은 대부나 신용에 폭넓게 관여하였다. 1910년 동탁이 처리할 수 있는 비옥한 토지는 11,035정보(1정보는 0.99 헥타르)였고 1919년에는 77,298정보로 늘어났다.

게 한국인보다 더 많은 봉급을 제공하고, 한국인들은 직장에서 일정한 직급 이상을 넘어설 수 없습니다.

4) 한국인들은 나라의 정치적 사건에 참여하지 못하고, 총독부와 같은 상급기관과 다른 하위기관 모두에 접근할 수 없으며, 경찰이나 헌병대, 또는 정부기관의 사무원으로 근무할 경우 원칙적으로 일본인의 부하 직원으로 일하게 됩니다.

5) 한국인들은 고등교육 이수에 어려움을 가지고 있습니다. 아시다시피, 데라우치 총독에 의해 공개적으로 표현된 견해에 따르면, 한국인들을 위한 고등교육은 시기상조이기 때문에, 한국인은 학교 시스템을 통해 주로 기술 지식을 습득할 뿐입니다. 한국인은 고등교육으로 전환하는 단계의 역할을 수행하는 일반 교육은 받지 못하기 때문에 그 결과 결국 고등교육을 받을 수 없습니다. (한국 학교는 일본 학교와 별개이며 한반도에 고등 교육 기관은 존재하지 않습니다.)

또한 모든 언론에서 언급한 바와 같이, 한국에 거주하는 일본인들은 한국인들을 해로운 거래로 끌어들이고 속여서, 수단과 방법을 가리지 않고 자신의 부를 쌓기 위한 도구로 만드는 투기꾼, 다양한 암흑의 공상가들과 같은 일본 최악의 분자들로 이루어져 있습니다.

주로 하층과 관련하여 오만, 허영, 자만, 멸시, 잘난 척, 자신의 의지를 무분별하게 성취하려는 요구 등으로 표현되는 일본 민족의 군국주의적 특성을 고려한다면, 일본이 한국에 가져다 준 모든 문명적 혜택에는 새로운 공민들이 그것을 누리려 한다면, 겪어내야 하는 힘든 압제의 모든 특성들이 놓여있는 것으로 볼 수 있습니다. 억압받는 민족이 점진적으로 발전하면서 불편함에 대한 인식과 그에 대항하고 싶은 욕구가 늘어나면 늘어날수록 그 욕구는 더 오래 지속되고 강력해질 것입니다.

　관찰자의 입장으로 살펴본 결과, 한국인을 동화시키고 그 민족성을 말살하려는 일본인들의 모든 노력에도 불구하고 한국인들은 자신의 일상생활과 생활양식에서 나타나는 모든 특징이 이전과 동일하게 유지되고 있다는 외부적 인상을 받았습니다. 귀화한 한국인의 유형은 알려져 있지 않습니다.

　이제 변함없이 전통 의상을 입고 있는 한국인은 외부인 덕분에 자신이 자신에게서 모든 것을 빼앗아가는 관리들을 위해서가 아니라 본인의 이익을 위해 일하고 있다고 느끼기 시작합니다. 그리고 자신의 임대료와 세금이 특정한 범위로 흘러들어가고 있음을 봅니다. 한국인이 자신의 제품을 값싸고 편리하게 시장으로 가져갈 수 있는 도로가 건설됩니다. 시장에서는 가격이 관리들의 의도대로가 아니라 한국인 스스로에 의해 결정됩니다. 제품에 대한 결제는 바로 다음날도 사용될 수 없는 사실상 가치가 0인 예전 한국 화폐가 아니라 좋은 화폐로 이루어집니다. 고유한 시장이 외국 시장들에 의해 공급을 받고 한국인은 그곳에서 자신의 상품 구매자를 찾습니다. 이러한 조건 속에서 전체적으로 재능이 있는 한국인은 중국의 모호한 지혜가 아니라 실질적인 지식을 습득하고, 자신에게서 자존감을 찾아내며, 자존심에 대한 공격을 물리치려는 욕망을 가지기 시작합니다. 그에게 자신의 상황을 크게 개선하려는 갈망이 생겨났고, 나아가 자신의 좋은 양분을 빨아먹고 영혼을 앗아가는 압제자로부터의 해방을 꿈꾸기까지 합니다. 한국인의 경제적, 정신적 삶이 성장함에 따라 옛 한국의 사회적 조건에 의해 억압되었고 이제 기계적 경찰력에 의해 죽어가고 있는 민족 정체성도 각성되기 시작합니다. 자신의 4천년 역사를 자랑스럽게 생각하는 한국인은 자신에게 가해지는 민족적 모욕에서 벗어나기를 원하여 이에 저항합니다. 최근까지 처했던 상황과 현재의 상황을 고려했을 때, 한국인이 몰개성화 및 착취에 저항하여 항의를 표하는 것은 현재로서는 당연히 국가의 압도적인 힘에 대해 막 시작한 수동적 저항의 성격을 가질 수밖에 없습니다. 또한 약간의 지식으로 자신을 표현하고 앞서 언급했던 종교적 방향성(천도교는 영혼의 불멸과 사적 신을 믿는다), 즉 자신의 인격을 인식하기 시작하여 인격이 지상에서 소멸되면 천상에서 다시 창조될 것이라는 자기 보호적 본능에 기초한 종교적 방향성을 얻었습니다. 이를 통해 인간의 영원한 의미에 대한 학문으로서의 기독교가 최근에 한국에 전파되기에 좋은 근거를 찾았고, 한국인 기독교 신도들이 자신의 영혼을 상실하는 것에 대항하는 최초의 저항자들 중 하나였음이 이해됩니다. 종교적 느낌이 고조된 분위기에 살고 있는 한국인들에게 제1차 세계대전 결과로 나타난 이상주의적 경향, 즉 민족자결주의와 민족적 억압에 대한 증오는 그들이 수 세기 동안 살아왔던 조용하고 평범한 생활(선언의 표현에 의하면)의 상태, 평온한 상태로 즉각 이행하려는 실현 불가능한 꿈을 실현할 가능성에 대한 믿음의 선명한 불길로 타오를 불꽃이 되었습니다.

 자존심에 모욕을 느끼고 자발적인 활동과 자신의 민족적 체면을 지키기 위해 한국인은 선언에 반영되어 있는 바와 같이 자신의 정치적 욕망을 표현합니다. 순진하게 철학적으로 사고하고, 이유를 대고, 소망하고, 기도하며 눈물을 흘립니다. 심하게 항의하지도 않고, 읽기 힘든 한문으로 쓰여서 아주 소수만이 이해할 수 있는 언어를 이용하여 과장되고 지나치게 화려한 음절로 말합니다. 현 상태의 부족한 점을 공식화하지 않고, 독립된 한국의 미래 구성을 설명하지 않고 있으며, 새롭게 구성될 상태에 대한 명확한 설명을 내놓지 않습니다. 마음 속 깊이 진심을 다해 보건대, 국가 건설에 대한 이상이 부재하고, 독립이라는 구호는 실제적인 내용으로 뒷받침되지 못하고 있습니다. 행동 프로그램이 전혀 없고, 가해자에 대한 적극적인 입장 표현이 없는 단순한 피해자의 항의일 뿐입니다. 한국인은 종교에서 위안을 찾고, 이성적으로 분석하지 않고, 감정에 굴복하며, 자신이 맹목적으로 따르는 종교인들의 지도를 따릅니다. 손병희나 그의 조력자들과 같이 자신의 스승에게 권한을 위임받은 지도자는 가장 선한 의도에서 큰 어려움 없이 조력자들과 하나로 묶여 나라가 일본 강점 이전의 상태로 돌아갈 수 있는 기회를 제공합니다. 현 운동의 지도자 손병희 같은 종교 집단의 수장이 지상에 그들 종교 집단의 모든 특징을 가지고 있는 신의 왕국을 건설하는 것 이외에 다른 어떤 국가 형태를 제안할 수 있겠습니까? 이들은 자신의 공동체를 유지시키기 위해 각 성원이 자신의 식탁에서 밥 한 숟가락을 덜어 나누어야 합니다! 그런 지도자들이 무정부 상태와 혼돈 이외에 다른 어떤 곳으로 이끌 수 있겠습니까? 한국은 이러한 상황에서는 다시 세계 평화에 진짜 위협이 될 수도 있습니다. 그와 같이 수동적인 성격의 운동은 모두 필연적으로 죽음과 실패를 가져올 것이지만 그들에게는 어떤 후회도 없을 것입니다. 물론 확실히 모욕감을 느낀 한국인들은 모든 사람의 연민을 끌어냅니다. 저는 이곳에서 어떤 식으로든 한국인에게 동정을 표하지 않는 유럽인을 한 명도 본 적이 없습니다. 하지만 한국에게 독립을 선사하기 위해 싸워 줄 사람도 역시 본 적이 없습니다. 일반적으로 한국의 백성은 아직까지 정치적으로 성숙하지 못했습니다. 현 세기의 과제를 이해하지 못하고 문명 세계의 국가들이 이해하는 것과 같은 정치적 사고 및 시민적 사고를 삶에 구현할 능력을 가지지 못했습니다. 사실, 현대적 학문의 지식을 가지고 있는 지식인이 한국에 아직 없다는 점에서 이해가 되는 부분입니다.

한국인들은 자신들의 시위를 통해 일본이 그렇게도 자랑스러워하고 또 보여주려 강제했던, 눈을 사로잡는 화려한 대 한국 정책의 눈에 띄지 않는 다른 측면을 전 세계에 알렸습니다. 현재의 상황은 전 일본을 놀라게 했습니다. 한국 문제가 언론에서 널리 논의되고, 의회에서는 정부에게 설명을 요구하고, 총독부에서는 지속적으로 회의가 열립니다. 지역 당국은 선교사들을 끌어들여서 한국인들에 대한 그들의 영향력을 자기들에게 필요한 의미로 이용하고, 그와 같은 방법으로 그들을 위험한 정치 게임에 참가시키려 합니다. 일본인이 한국 문제를 제기하는 방식으로 판단해 보면, 그것들은 이곳에서 벌어지고 있는 일에 대한 진정한 이해나 문제의 만족스런 해결과는 거리가 멉니다. 사건의 방향과 진술의 전체적인 분위기는 한국인을 강제로 일본인화 시키려는 생각 및 경찰의 계획, 전체적으로 유기적이 아니라 기계적인 성격의 가설들, 세상이 이미 보여줬던 특징들로 가득 차있습니다. 예를 들어, 3월 14일자 *Japan Advertiser* [12]기사에 제기된 가장 잘 알려진 의회 질의를 살펴보겠습니다. 이미 설명한 바와 같이, 질의의 첫 번째와 세 번째 항목에 포함되어 있는, 외국인 선교사들이 재정지원하고 있는 학교에 대한 반일 선동 비난은 아무런 근거를 가지지 못했으며 그들의 반일 방향성은 질의자들이 생각하는 것과는 전혀 다르게 설명될 수 있습니다. 제3번 항목의 마

---

[12] *The Japan Advertiser*는 도쿄에서 발행되었으며 극동지역에서 미국의 이해를 대변하는 신문으로 대일 우호적 입장을 견지했다.

지막 단락 전반부는 상황을 완전히 무시하는 잘못을 저지르고 있습니다. 현 규정에 의하면 미션 학교는 일본 학교와 동일한 프로그램을 운영하여 이미 오래 전부터 공통 감독에 종속되어 있기 때문입니다. 제3번 항목의 후반부에서는 막대한 노동과 많은 자금을 들여 이미 오래 전부터 확고하게 자리 잡고 있는 미션 학교의 폐지를 제기하고 있는데, 이는 기독교 박해로 받아들여져 말할 필요도 없이 전 세계의 분노를 불러올 것이고, 오늘날 곳곳에 퍼져있는 일본인에 대한 적개심을 증가시킬 것입니다.

질의의 제2번 항목. 일본 아이들과 한국 아이들을 일본식 학교에 통합시키고 그들을 공동으로 교육시키는 것은 원하는 결과를 얻어낼 수 없습니다. "강제적" 교습은 여전히 한국인들에게는 낯선 일본어로 진행될 것이고, 학교에서 일본인들은 한국인들을 자연스럽게 무시하는 깔보는 태도를 가지게 될 것이며, 이로 인해 상호 간의 적대감과 싸움이 발생할 것입니다.

제3번 항목. 현재 한국의 공식 언어는 일본어 하나입니다. 일본어를 모르는 한국인들은 필요에 따라 통역사를 통하거나 한국어를 아는 관리에게 한국어를 사용해서 일을 처리해야 합니다. 그런데 무슨 언어 통합에 대해 이야기를 할 수 있겠습니까?

제6번 항목. 한국인이 일본인에 비해 노동 능력이 떨어지지 않을 뿐 아니라 어쩌면 요구사항마저 더 적기 때문에, 일본인은 한국인과 경쟁하기 어렵고, 이로 인해 양호한 분자로 구성된 일본 이민을 한국으로 유치하기 어렵습니다. 이러한 조건에서 일본 이민자들은 항상 한국보다 빠르고 쉽게 정착할 수 있는 백인 인구의 나라를 선택하고 싶어 합니다.

제7번 항목. 헌병 체제를 일반 경찰 체제로 대체하면, 지나치게 눈에 띄는 일부 불균형을 완화시키고 정책의 전체적인 방향은 유지할 수 있습니다.

일본의 정치 체제, 사회 전통, 기타 방향성 등 삶의 일반적인 구조를 통해 판단해 보면, 질의에서 나온 것과 같은 한국 문제의 해결 방법은 채택될 수 없었습니다. 한국에 광범위한 자율권을 부여하는 것은 일본 헌법 정신에도, 또 이미 결정되어 확고부동하기 때문에 급격한 변화가 심리적으로 불가능한 일본식 정치 과정에도 맞지 않습니다.

이와 같이 한국 문제는 만족스러운 해결을 위해서는 극복할 수 없는 난관을 가지고 있기 때문에 결국, 문제를 만족스럽게 해결하는 것이 불가능하다고 거의 확실하게 말할 수 있습니다. 한국인을 강제로 일본인화 시키려 했던 과거의 강제적인 조치를 양보하는 방법으로 일본이 자신의 날카로움을 완화시킬 것이라는 전제가 필요합니다. 어쩌면 일본은 자신의 허영심으로 인해 발생한 겉만 빛나는 정책을 버리고, 일본에 대한 한국인들의 호감을 끌어내기를 바라면서 한국 민족의 내면적 발전을 추구하는 조치를 취할지도 모릅니다. 기존의 일반적인 특징을 유지하면서 새로운 시민들과의 관계를 창출한다면, 결국 사람들의 호감을 얻지 못하고 오히려 멀어지게 할 것입니다. 사실 현재의 운동에서 이미 사망했거나 사망하고 있는 사람들은 증오스러운 압제로부터 조국을 해방시킨다는 위대한 사상을 위해 희생한 사람들로서 순교자의 후광으로 둘러싸일 것입니다. 그들의 아이들, 아버지들, 친구들은 일본의 폭력으로 인해 탄생한 압제자를 향한 증오심을 멀리 전파할 것이고 자신의 후손들에게 전할 것입니다. 일본은 점차적으로 발전하면서 한국에 진정한 지식을 제공할 것이고, 갈등이 심화되면서, 현재의 선교사들의 모호한 꿈을 보다 현실적인 형태로 변화시킬 수 있는 계몽된 계급을 만들어낼 것입니다. 따라서 한국은 정치적 분규가 일어나기가 무섭게 불타오를 준비가 되어있는 지속적인 화산이 될 것입니다. 적도에 대한 접근으로 미국의 두려움을 가져오고 있고, 상업적 난잡함으로 잇속에 밝은 호주의 멸시를 받고 있으며, 또한 공격적인 정책으로 중국을 긴장시키고 있고, 시베리아로의 빠른 진출을 시도하고 있는 일본은 외부의 적보다 덜 위험하지 않은 내부의 적을 항상 지니게 될 것입니다. 특히 우리는 연해주 지역에 수만 명의 한국인이 있다는 사실을 잊어서는 안 됩니다. 한국인 이민자들은 주로 러시아에 인접한 간도 지역에 거주하고 있고, 북만주로의 이주도 엄청나게 증가하고 있습니다. 이 나라들에 거주하는 한국인 정치적 이민자들은 주로 자신의 애국심 때문이든, 혹은 일본인들에게 받은 모욕감의 결과이든 한국 정부의 박해로부터 도망친 자들입니다. 생각건대, 우리의 극동 정책의 방향을 설정할 때 이 모든 것들을 간과해서는 안 될 것입니다.

   이와 함께 3월 1일 발표된, 한국의 독립을 선언한 가장 특징적인 선언문과 3월 12일 한국인들이 조선총독에게 신청한 청원서를 번역본으로 첨부합니다.

   가장 깊은 마음을 담아...   Ya. 류트쉬

문서 No. 2[13)

선언서

우리는 여기에 우리 조선이 독립된 나라인 것과 조선 사람이 자주하는 국민인 것을 선언하노라. 이것으로써 세계 모든 나라에 알려 인류가 평등하다는 큰 뜻을 밝히며, 이것으로써, 자손 만대에 알려 겨레가 스스로 존재하는 마땅한 권리를 영원히 누리도록 하노라.

반만년 역사의 권위를 의지하고 이것을 선언하는 터이며, 이천만 민중의 충성을 모아 이것을 널리 알리는 터이며, 겨레의 한결같은 자유 발전을 위하여 이것을 주장하는 터이며, 사람 된 양심의 발로로 말미암은 세계 개조의 큰 기운에 순응해 나가기 위하여 이것을 드러내는 터이니, 이는 하늘의 명령이며, 시대의 대세이며, 온 인류가 더불어 같이 살아갈 권리의 정당한 발동이므로, 하늘 아래 그 무엇도 이것을 막고 누르지 못할 것이라. 낡은 시대의 유물인 침략주의, 강권주의의 희생을 당하여, 역사 있은 지 여러 천 년에 처음으로 다른 민족에게 억눌려 고통을 겪은 지 이제 십 년이 되도다. 우리가 생존권마저 빼앗긴 일이 무릇 얼마며, 정신의 발전이 지장을 입은 일이 무릇 얼마며, 겨레의 존엄성이 손상된 일이 무릇 얼마며,

---

13) Прокламация. 류트쉬는 선언서를 「독립선언서 Декларация независимости Кореи」로 불렀다.(필자주) 3·1운동 당시 서울 파고다공원에서 발표된 대한독립 선언서다. 여기에 옮긴 대한독립선언서는 김동길 박사가 1979년 3·1운동 60주년을 기념하여 작성한 후 1980년 3·1운동 61주년에 일반에 공개한 번역문이다.(역자주)

새롭고 날카로운 기백과 독창성을 가지고 세계문화의 큰 물결에 이바지할 기회를 잃은 일이 무릇 얼마인가!

오호, 예로부터의 억울함을 풀어보려면, 지금의 괴로움을 벗어나려면, 앞으로의 두려움을 없이하려면, 겨레의 양심과 나라의 도의가 짓눌려 시든 것을 다시 살려 키우려면, 사람마다 제 인격을 옳게 가꾸어 나가려면 불쌍한 아들. 딸에게 부끄러운 유산을 물려주지 않으려면, 자자손손이 길이 완전한 행복을 누리게 하려면, 우선 급한 일이 겨레의 독립인 것을 뚜렷하게 하려는 것이라.

이천만 각자가 사람마다 마음 속에 칼날을 품으니, 인류의 공통된 성품과 시대의 양심이 정의의 군대가 되고, 인륜과 도덕이 무기가 되어 우리를 지켜주는 오늘, 우리가 나아가 이것을 얻고자 하는 데 어떤 힘인들 꺾지 못하며, 골라서 계획을 세우는 데 무슨 뜻인들 펴지 못할까!

병자수호조약 이후, 시시때때로 굳게 맺은 약속을 저버렸다 하여 일본의 신의 이루어진 부자연스럽고 불합리한 이 그릇된 현실을 고쳐서 바로 잡아 자연스럽고 합리적인 올바른 바탕으로 되돌아가게 하는 것이라.

처음부터 이 겨레가 원해서 된 일이 아닌 두 나라의 합병의 결과는 마침내 억압으로 이뤄진 당장의 편안함과, 차별에서 오는 고르지 못함과 거짓된 통계숫자 때문에, 이해가 서로 엇갈린 두 민족 사이에 화합할 수 없는 원한의 도랑이 날로 갈수록 깊이 패이는 지금까지의 사정을 한 번 살펴보라. 용감하게 옛 잘못을 고쳐 잡고, 참된 이해와 동정에 바탕 한 우호적인 새 시대를 마련하는 것이, 서로 화를 멀리하고 복을 불러들이는 가까운 길인 것을 밝혀 알아야 할 것이 아니냐! 또한 울분과 원한이 쌓이고 쌓인 이천만 국민을, 힘으로 붙잡아 묶어둔다는 것은 다만 동양의 영원한 평화를 보장하는 노릇이 아닐 뿐 아니라, 이것이 동양의 평안함과 위대함을 좌우하는 사억 중국 사람들의 일본에 대한 두려움과 새암을 갈수록 짙어지게 하여, 그 결과로 동양전체가 함께 쓰러져 망하는 비운을 초래할 것이 뻔한 터에 오늘 우리의 조선독립은 조선사람으로 하여금 정당한 삶과 번영을 이루게 하는 동시에, 일본으로 하여금 잘못된 길에서 벗어나, 동양을 버티고 나갈 이로서의 무거운 책임을 다하게 하는 것이며, 중국으로 하여금 꿈에도 피하지 못할 불안과 공포로부터 떠나게 하는 것이며, 또 동양의 평화가 중요한 일부가 되는 세계평화와 인류복지에 꼭 있어야 할 단계가 되게 하는 것이라, 이것이 어찌 구구한 감정상의 문제이겠느냐!

아아 새 하늘과 새 땅이 눈앞에 펼쳐지누나, 힘의 시대는 가고 도의의 시대가 오누나, 지나간 세계를 통하여 깎고 다듬어 키워온 안도적 정신이, 바야흐로 새 문명의 서광을 인류의 역사 위에 던지기 시작하누나, 새 봄이 온 누리에 찾아 들어 만물의 소생을 재촉하누나, 얼음과 찬 눈 때문에 숨도 제대로 쉬지 못한 것이 저 한때의 시세였다면, 온화한 바람, 따뜻한 햇볕에 서로 통하는 낌새가 다시 움직이는 것은 이 한 때의 시세이니, 하늘과 땅에 새 기운이 되돌아오는 이 마당에 세계의 변하는 물결을 타는 우리는 아무 주저할 것도 없고 거리낄 것도 없도다.

우리가 본디 타고난 자유권을 지켜 풍성한 삶의 즐거움을 마음껏 누릴 것이며, 우리가 넉넉히 지닌 바 독창적 능력을 발휘하여 봄기운이 가득한 온 누리에 겨레의 뛰어남을 꽃피우리라. 우리는 그래서 분발하는 바이라. 양심이 우리와 함께 있고, 진리가 우리와 더불어 전진하나니, 남자, 여자, 어른, 아이 할 것 없이 음침한 옛집에서

힘차게 뛰쳐나와 삼라만상과 더불어 즐거운 부활을 이룩하게 되누나. 천만세 조상들의 넋이 우리를 안으로 지키고, 전 세계의 움직임이 우리를 밖으로 보호하나니, 일에 손을 대면 곧 성공을 이룩할 것이라. 다만 저 앞의 빛을 따라 전진할 따름이로다.

　공약 삼장
　(하나) 오늘 우리들의 이 거사는 정의, 인도, 생존, 번영을 찾는 겨레의 요구이니, 오직 자유의 정신을 발휘할 것이고, 결코 배타적 감정으로 치닫지 말라.
　(하나) 마지막 순간에 다다를 때까지, 민족의 올바른 의사를 시원스럽게 발표하라.
　(하나) 모든 행동은 먼저 질서를 존중하여, 우리들의 주장과 태도가 어디까지나 공명 정당하게 하라.

　나라를 세운지 사천이백오십이 년 되는 해 삼월 초하루

　조선 민족 대표[14]

---

14) 계속해서 민족대표 33인의 명단은 본 책 26쪽(번역문 1부)을 참조하세요 ; История Кореи с древнейших времен до наших дней, Том 2, - М., 1974. - С. 455.

문서 No. 3[15]

하세가와 요시미치 총독 각하에게 드리는 청원서(Петиция)

우리는 마음 깊숙이 우러나오는 감정과 확신을 담아 청원서를 귀하에게 제시하고자 합니다.

총독각하!

한국 국민대표 33인이 서명한 독립선언문은 일부 사람들의 개인적 의견이 아닙니다. 우리는 확신하건대, 사실이 증명하고 이를 신이 인증하듯, 독립선언은 전체 한국인의 진정하고 현실적인 요구입니다. 우리 33인은 국민적 대표들로서 2천만 국민의 염원과 확신이 실현될 수 있도록 도모하고자 합니다.

총독각하!

우리는 옛 시대의 한인들이 아니며, 현재 세계의 흐름이 어떠한지 진정으로 문명이 무엇을 요구하는지 잘 알고 있습니다. 이러한 세계 공동의 경향은 우리들로 하여금 우리의 요구가 정당하며 지켜내야 한다고 각성시키고 있습니다. 우리의 국민적 요구는 순수한 인도적 정의를 드러내고 한국의 독립이 현실적으로 없어서는 안 될 필요한 일이라고 굳게 믿습니다.

총독각하!

---

[15] Государственный архив Российской Федерации. Фонд. Р-200. Опись 1. Дело 535. Листы 129-131. 하세가와 요시미치는 3·1운동 당시 조선총독이었다.(필자주) Петиция Его Превосходительству Хасагава Ёсимити. 러시아어본은 영어본을 번역한 것이다.(역자주)

우리는 한국의 독립이 한국민의 요구가 아니라 동방에 평화를 가져오는데 꼭 필요한 것이기에 결정적으로 요청한다고 이해합니다.

잘 생각해 보시기 바랍니다. 합병 당시 우리에게 호소했던 내용이 무엇이고 세계에 무엇이 공포되었나요? 이 모든 일이 진정 동방에서 평화를 깨트린, 공포로 가득한 타국의 경쟁대상으로 전락한 것이 아니란 말인가요? 일본이 한국을 병합한 것은 동방에서 평화를 보존하기 위함이 아니었던가요?

각하! 잘 생각해 보고 확인해 주시기 바랍니다. 현대 세계의 흐름에서 군국주의가 사라지고 있는 것은 아닌지요? 순수한 인도적 정의는 환영받지 못하는 것이 아닌지요? 강압적 억압의 시대가 지나간 것은 아니며, 논쟁적 사안이 평화적으로 해결되는 것은 아닌지요? 현재는 국민들이 더 이상 군사력을 신뢰하지 않고 자연스럽게 정의가 살아 있고 보존되길 바라는데, 우리가 발표한 독립선언문이 이를 저해되거나 비이성적인 내용이 들어 있다고 보는 것은 아니겠지요? 동방에서의 평화가 한국의 독립이 보장된 상황에서라면 보다 더 확신있게 보장되지 않을 런지요? 중국이나 러시아에게 아니 세계에 물어보시기 바랍니다. 누군가는 이것이 비이성적이며 적절하지 않다고 애기해 줄 것입니다.

각하께서 문명적 지혜로서 해결하지 못한다면 우리의 운동은 경솔하거나 무분별한 행동으로 전개될 수도 있습니다. 우리는 2천만 국민의 감정과 사상을 표현하는 것이고 우리의 확신과 희망을 실현할 준비가 될 것입니다. 우리는 무기의 힘에 전혀 의존하지 않으며 조금이라도 무력으로 돌아가지 않을 것이며 우리의 최종 목표에 도달하기 위해 호의 속에 정의나 인류애의 방도에서 노력할 것입니다.

만일 귀하께서 정의와 인류애에 대한 열정을 군사력으로 멈추려

한다면 우리는 단지 귀하의 지혜와 계몽만이 아니라 떠오르는 태양의 나라(일본)의 명예를 연민의 감정으로 대할 것입니다. 이런 연유로 우리는 귀하께서 용기를 갖고 신중하게 처리해 주실 것을 바랍니다.

서명 : 이춘근(Ли Чунгын), 김백원(Ким Бэквон), 조재학(Чо Чэхак), 고례진(Ко Реджин), 차상진(Ча Санчин), 김극손(Ким Кыксон), 백광현(Пэк Гванхён), 문일병(Мун Ильбён), 명이한(Мен Ихан), 문송호(Мун Сонхо), 오독용(О Докъён), 조형균(Чо Хёнкюн)

문서 No. 4[16]

서울 주재 러시아총영사 류트쉬가 도쿄 주재 러시아대사 크루펜스키 V. N.에게 보낸 보고서. No 4.

1919년 3월 31일. 서울

친애하는 바실리 니콜라예비치 폐하

폐하께 대한제국의 황제이었던 고종 이형(Ли Хъонг, Коджон)[17]의 서거 소식을 전보로 전합니다. 한일병탄 이후 공식적으로 이태왕으로[18] 불리던 고종 황제의 죽음은 갑작스러운 것입니다. 그는

---

[16] Донесение Российского генерального консула в Сеуле Я. Я. Лютша Российскому послу в Токио В. Н. Крупенскому. Сеул, 31 марта 1919 года. No 4 / Государственный архив Российской Федерации. Фонд 200, Опись 1. Дело 0-535. Листы 37-41.

[17] 1907년 7월 17일 조선통감 이토 히로부미(伊藤博文)가 고종에게 황제 자리에서 물러나 섭정에 임명하는데 동의하던지 아니면 도쿄로 건너가 일본왕에게 1907년 6월 헤이그 국제강화회의에 일본식민주의자들의 한국 내 활동에 불만을 표시한 데 사죄하던지를 선택하라고 강요하였다. 만일 복종하지 않으면 일본은 한국에 전쟁을 선포할 것이고 고종은 도쿄 감옥에 갇힐 것이라고 위협하였다. 이에 놀란 고종은 다음 날인 7월 18일 황위를 포기하고 황제 옥좌에서 물러나 병세가 있고 연약한 아들 이척에게 물려주었다. 그에게는 순종이란 이름이 하사되었다.

[18] 1910년 8월 22일 일본의 한국 "합병조약"이 체결된 후 일본 정부는 고종에게 이태왕이란 공식 칭호를 하사하고 순종황제를 상왕이라 불렀다. 순종은 곧바로 총독 데라우치 마사타케를 방문하여 그에게 부탁해 아이러니하게도 서울 주재 러시아 총영사 소모프에게 "순종을 상왕으로 강등시킨데 감사함을 일본 황제에게 전해달라"고 보고하였다. См.: АВПРИ. - Фонд "Японский стол. Депеши из Сеула". Дело 20 - Лист 140. 이 이후 대한제국의 황실가 일원, 한국정부 각료, 고관과 유명 유학자 등에게 76개 작위가 분배되었다. 그중 6개가 후작, 3개가 백

1월 21일에 뇌졸중으로 생을 마감하였습니다. 며칠 후 그의 막내아들이 일본인 공주 하시모토와 결혼하게 되어 있었습니다.

정확히 55년 전인 1864년 1월 22일, 당시 12살이었던 조선의 왕자 이형은 왕이 되었으며, 그 어린 왕[19]을 대신해서 그의 친부인 대원군이 섭정을 선언하였습니다. 영리하고 정력적인 행정가인 대원군은 오랫동안 독자적으로 정부를 운영해왔으나, 그의 아들이 통치자로서의 조건을 갖추지 않았다는 이유로 권력을 아들에게 양도하지 않았습니다. 1873년 젊은 왕 이형은 아버지의 지도하에 공식적으로 친정하기 시작하였으며, 조선 통치와 관련한 업무를 배우기 시작하였습니다.

그의 공식적 업무가 시작된 직후, 서울의 외국 대표자들이 서서히 정착하기 시작하였으며, 모든 외국 열강들과 조선이 조약을[20] 체결

작, 22개가 자작 그리고 45개가 남작이었다.

[19] 러시아의 모든 외교 문서상에는 한국의 국가 지도자를 유럽식으로 왕(король)으로 부르는 오류를 범하고 있다. 한국에서는 왕(ван, 王)으로 부른다. 한국의 왕 고종은 1897년 10월 12일 자신을 황제라 칭하였다. 그 후 조선의 국호는 새로운 이를 '대한'을 부여받았다.

[20] 일본에 의해 조선이 개방하게 된 최초의 불평등조약이 1876년 2월 28일 체결된 「조일수호조규(강화도조약)」이며 그해 8월 24일 「조일통상장정」, 1876년 조약의 추가조약인 「조일수호조규 부속조약」이 체결되어 조선은 일본 국적인에게 치외법권 인정, 영사법 권리 부여 그리고 3개의 항구를 개방하였다. 강화도조약 제1조는 "조선국이 자주국으로서 일본국이 누리는 최고의 권한을 이용할 수 있다." 조선의 자주성을 부각시킨 것은 조선이 중국에 종속된 국가가 아님을 일본이 부각시키려는데 있었다. 일본의 이 같은 행동은 조선을 일본의 식민지로 전환하려는 길을 고려한 것이었다. 1882년 5월 22일 인천에서 미국은 조선과 불평등 조약인 「조미수호통상조약」을, 그 해 9월에는 청국이 「조청상민수륙무역장정」을 각각 맺어 조선을 자본주의 열강에 얽힐 노예조약을 맺었다. 1883년 11월 23일 조영조약이 체결되었다. 영국의 사례에 따라 독일도 조약을 맺었다. 새로운 조약은 영국과 독일 정부에게 치외법권적 권한을 민형사상 모든 분야에 보장하는 것이고 최우선국 조항으로 영국과 독일에게 모든 권한과 재산을 보장받게 하였다. 1884년 7월 7일 제정러시아가 조선과 불평등조약인 「조로통상수호조약」을

하였습니다. 이 조약들은 열강의 기업들에 사실상 문호를 개방하는 것이었습니다. 한반도는 천연자원을 제공하는 열강들의 신흥시장이 되었습니다.

조선 왕 이형은 국가의 안정을 가져오지는 못했습니다. 이미 오래전부터 내부적으로 여러 봉기들이 발생했습니다. 조선인들은 대부분의 경우에서 탐욕스럽고 무능한 정부라는 것을 눈치 채지 못했으며, 다만, 점차 궁핍해지는 삶의 질에 대한 불만으로 통치자에 항의하였습니다. 시차를 두고 여러 지역에서 발생한 사소한 불안정한 사건들을 제외하고라도, 조선의 전통과 관습, 그리고 국가 신념을 고수하는 반(半)종교적, 정치사회적 대규모 봉기인 동학봉기도[21] 해결해야 할 당면한 과제 중 하나였습니다. 동학세력들은 국민들로부터 우호적인 토양을 찾아가면서 집권계급에 대한 국민 일반의 불만을 이용해 한반도 남쪽 지방에서 봉기를 조직했습니다. 이 봉기는 동으로 북으로 빠르게 확산되어 갔습니다. 동학세력들은 노골적으로 국가의 안위는 생각하지 않는 부패한 장관, 행정담당자, 관료들로부터 해방되어야 한다고 선언하였습니다. 조선 정부는 이들을 진압하기 위해 군대를 보냈으며, 부득이 하게 청군과 협력할 수밖에 없었고, 결국 무질서를 종식시켰습니다. 이때 청군의 출동은 간접적으로 청일전쟁을 유발했습니다. 그리고 이 전쟁은 청나라의 조선에

맺었다. 조약 맺을 당시 러시아는 주도권이 없이 관망주의적 태도를 견지하고 있었다. 그러나 조로통상조약은 양국 간 육상 경계가 있었음에도 해상무역에만 규정을 정한 것이었다. 그에 따라 1888년 8월 20일 양국 간 제2의 조약인 「조로육로통상장정」(Правила о пограничных сношениях и торговле на Тумынь-Цзяне(Тумангане) 두만강 국경과 무역 관계 조약)을 체결하였다. 1884년 그해 이탈리아, 1886년 프랑스와도 조약을 맺었다.

[21] 1893~1894년간 조선에서 벌어진 농민전쟁을 이르는데 종교단체인 동방의 교리(동학)이 주도했으며 지상의 모든 사람의 평등을 호소하였다.

대한 종주권을 확실하게 종식시켰습니다.[22]

 그러나 조선의 자립은 허구였거나, 또는 한반도 정부에게는 감당하기 힘든 것이었습니다. 그리고 모든 것은 러시아 쪽으로 기울었으며, 러시아 대표는 완전한 신용을 얻었습니다. 러시아의 영향력은 반일 인사이었던 황후 민씨의 시해 사건 이후 더욱 강해졌습니다. 이때 조선 왕은 우리 공관으로 피신해 2년간 거주했습니다.[23] 조선의 왕은 도시가 평온해지고 궁궐이 정비되었을 때 궁으로 다시 돌아갔습니다. 새로 정비된 궁궐은 조선의 왕이 외국 공관으로 피난하게 한 것을 더 이상 상기하지 않게 하였습니다. 평온은 오래가지 않았고, 조선의 왕은 국가 운영을 독자적으로 하는데 이것을 이용하게 되었습니다. 러일전쟁은 한반도에서 일본의 지대한 영향력 강화로 나타났고, 일본이 무력 없이 조선의 보호국이 되었습니다.[24] 고종은 힘에 굴복할 수밖에 없었지만, 잃어버린 힘을 되찾으려는 시도를 오랫동안 참지는 않았습니다. 그는 러시아와 프랑스에 사람을

---

[22] 청일전쟁 1894~1895은 조선으로 인해 봉건국가 청국의 패배로 끝났다. 1895년 체결한 시모노세키강화조약은 조선의 청국에 대한 종속적 예속을 청산해 주었다.

[23] 청일전쟁 1894~1895이 끝난 후 일본은 조선을 정치 경제적으로 완전히 예속시켰다. 이에 고종의 왕비인 민 명성을 필두로 한 집권세력이 일본과 첨예한 대립에 들어섰다. 1895년 10월 8일 서울 주재 일본공사 미우라 고로는 민 명성과 그의 측근을 잔인하게 살해하는 사건을 일으켰다. 이후 김홍집 친일내각이 형성되어 새로 조성된 환경에 처하자 고종과 측근들은 러시아만이 조선왕을 일본의 예속으로부터 자유롭게 해 줄 것이며 조선을 일본 식민지배로부터 구할 수 있다고 보았다. 1896년 2월 11일 고종은 후계자와 함께 서울 러시아공사관으로 피신하여(아관파천) 1897년 2월 20일까지 머물렀다. 바로 이곳 러시아공사관에 친일내각 대신 새로운 내각이 들어섰다.

[24] 러일전쟁 1904~1905이 끝난 후 일본 침략자는 1905년 11월「을사보호조약」체결을 강요하였다. 한국을 일본의 보호국으로 전환해 대외정책의 독자성을 앗아갔다. 을사늑약 체결 이후 일본은 실질적으로 한국에서 전권을 휘두를 통감을 두었으며 1906년 그 자리에 이토 히로부미를 앉혔다.

보내 도움을 요청했으며, 헤이그 회의에서 자신을 지지해줄 국가를 찾는 시도도 하였습니다.

　대내적으로 고종은 의병이라 불리는 수많은 반란군들의 성과에 분명히 동조했으며, 실제로 그들을 지원했습니다. 이는 나라를 침묵시키고 조용히 하려는 일본인들을 어렵게 하는 것이었습니다. 그러나 일본은 확고하고 강력한 대책들로 점증하는 조선인들의 일본에 대한 불만들을 제압하였습니다. 마지막 수단까지 모두 상실한 황제는 사실상 나라의 주인이 된 일본과의 투쟁을 포기해야했지만, 죽을 때까지 일본과 적대적인 관계로 남았습니다. 일본이 일본 천왕에게 나라를 넘기는 조약에 서명할 것을 대한제국 황제에게 제안했을 때, 황제는 자신의 왕좌를 아들에게 넘겨주는 것으로 알고 이를 거절했습니다. 그리고 그 아들은 이 조약에 서명하였습니다.[25]

　왕좌에서 물러난 이형은 그의 마지막 시기를 도시 중심에 있는 자신의 궁에서 지냈습니다. 일본의 밀착 감시 하에, 그는 아들과 친척들을 1년에 몇 번만 볼 수 있었습니다. 이는 조선총독에게 보고되었고, 도쿄에서 군사 훈련을 받는 막내아들은 2번만 볼 수 있었습니다. 그 아들과의 만남에서 그는 일본의 지도하에 일본의 수도에 사는 아들이 점차 조선인의 모습을 잃어가고 있다는 것을 확신하게 되었습니다. 비록 서울에서는 그의 아들이 조선의 전통 복장을 할 수 있도록 허락 받았음에도 그렇게 생각했습니다. 일본 공주들 중에서 아들의 배우자를 선택하는 것에도 물론 반대하였습니다. 그러

---

[25] 1910년 8월 22일 일본에 의한 한국 통합조약이 맺어졌다. 조약 체결식에는 신임 통감 데라우치 마사타케가 대한제국 궁정으로 통감 고위관리와 조선 주재 일본 장군들을 거닐고 들어섰다. 이들의 위협에 놀란 순종황제가 앞에 놓인 조약문에 서명하겠다고 동의하였다. 이후 일본은 대한제국을 일본 제국의 조선총독부로 불렀다. 최초 총독은 데라우치 마사타케가 차지하였다.

나 조선총독 데라우치의 의지로 혼사는 성사되었습니다. 고종은 대외적으로는 일본 황실 가족이 된 것에 대해 기쁨을 표해야만 했습니다. 그는 도쿄에서 거행되는 이 결혼식에 참석하고 싶지 않았습니다. 죽음의 운명은 그를 이 의무로부터 자유롭게 했습니다. 그의 생애 마지막 몇 년 동안에 있었던 여러 비극들은 그의 갑작스런 죽음과 관련해 많은 소문들을 야기했습니다. 사람들은 그가 자살을 했다고도 하고, 일본이 하려는 일을 방해한 그를 일본인이 살해했다고도 합니다.

이 보고서 사본은 옴스크 외무성에 제출합니다.
깊은 존경과 영광을 담아
친애하는 폐하께

문서 No. 5[26)]

서울 주재 러시아총영사 류트쉬가 도쿄 주재 러시아대사 크루펜스키 V. N.에게 보낸 보고서

1919년 3월 31일. No 3.
서울

바실리 니콜라예비치 각하께

3월 3일 서울에서는 보기 드문 광경이 펼쳐졌습니다. 바로 조선 황제였던 이태왕(고종 황제)의 국장이 있었던 것입니다.

장례 행렬이 지나가기로 되어 있는 서울 거리마다 평소 생활하던 장소에서 평안을 얻게 될 장소로 출관되기만을 여념없이 기다리는 수많은 인파로 이른 아침부터 붐볐습니다. 아침 8시 정각에 화려한 운구 행렬이 서울 중심에 위치한 궁궐에서 장례식이 끝날 서울 외곽으로 나왔습니다. 관이 들어 있는 웅장한 상여는 길이가 24푸드[7.32미터]로, 붉은색이 주조를 이루는 다양한 색조로 칠해져 있었고 연꽃과 봉황의 조각상들로 장식되어 있었으며 자주색 장식이 들어

---

26) ГАРФ. Фонд 200. Опись 1. Дело 535. ЛЛ. 30-36. 이 문서는 Пак Борис Д., Ванин Ю. В.(отв. ред.), Корея глазами россиян 1895-1945) - Тула : Гриф и К, 2008. - 275-278에 재수록 되었다.(박보리스, 바닌 Yu. 공편, 이영준 역,『러시아 시선에 비친 근대 한국. 을미사변에서 광복까지』, 성남: 한국학중앙연구원, 2016, pp. 372~376)

간 값비싼 황금색과 흰색 천으로 덮여 있었습니다. 상여에는 요령 잡이들이 딸려 있었고, 삼베로 된 상복을 입은 500명에 가까운 상여꾼들이 이 상여를 운반하였습니다. 도심에서 외곽으로 나오는 순간 예포소리가 울렸는데, 고인에게 마지막 경의를 표하기 위해 특별히 일본에서 와서 제물포에 정박 중인 군함들(각 21발)과 그 지역 포대(101발)에서 발사된 것이었습니다. 산들로 둘러싸인 서울에 예포 소리가 슬픈 메아리로 울려 퍼졌습니다. 상여 앞 전면에서 기마경찰관 5명이 앞으로 나아가고 있었고, 그 뒤를 해군군악대, 군함에서 나온 해병들, 각종 무기를 든 군 관리 2만 명 정도가 따라 걸었습니다. 상여 뒤로는 흰색과 노란색의 거대한 군기들, 도끼창, 창, 검 등이 보였습니다. 그다음으로 일본식 상복을 입은 장례준비위원회 위원들이 엄숙하게 걸어 나왔습니다. 그 뒤에서는 일본 황제와 황후, 일본 황태자, 적자인 왕자들, 총리, 조선 총독, 그리고 황실에서 고인의 영혼을 기리는 신도 의식의 표장인 사카키(흰 종이로 감싼 월계수, 신나무)가 운반되고 있었습니다. 황제, 황후, 황태자가 각각 보낸 사카키는 한 그루당 24명이 운반하였고, 왕자들이 공동으로 보낸 나무 한 그루는 26명이 운반하였습니다. 그 뒤를 총독부 관리와 장교 들이 화려하게 수가 놓인 쿠션에 고인의 훈장과 메달 들을 들고 따랐습니다. 화려한 행렬의 맨 끝에는 제복 차림의 총독부 고위 관리와 조선식 상복을 입은 조선의 옛 고관대작 들이 있었습니다. 행렬은 3베르스타[3,200미터]나 이어졌습니다. 슬픈 곡소리가 허공을 갈랐습니다.

　오전 9시 30분에 행렬이 국장을 치룰 장소에 도착하자 총독이 일본의 주요 관리들과 영사단 그리고 공직에 있는 사람들과 함께 행렬을 맞이하였습니다. 도쿄에서 온 황제궁 사절들과 고인의 아들들

―순종과 젊은 왕자―이 그 시각 즈음 그곳으로 왔습니다. 상여는 원래 그것을 놓기 위해 건축된 순수한 신도 양식의 사원에 세워졌습니다. 참석자들이 사용할 특별한 정자들도 지어져 있었습니다. 그중 하나는 조선인용으로, 고인의 자제들과 측근 그리고 일본의 조선 합병 때 중요한 역할을 했던 조선인 고관들이 자리하였는데 이들 모두는 허리띠를 맨 삼베 옷을 입고 거친 아마포를 두른 하얀 쓰개를 쓰고 있었습니다. 또 다른 정자는 일본인 고위관리용으로, 맨 앞에 조선 총독이 1급 관리들에 둘러싸여 있었고 그 뒤로 정장 차림의 영사단 등이 있었습니다. 이 정자들은 Π자 모양을 하고 있었습니다.

순전히 일본 신도 의식으로 거행된 장례식은 오전 10시경 시작되었습니다. 수많은 하인들의 시중을 받으며 일본 승려가 슬프고 침통한 목소리로 이별의 기도를 올리면서 고인의 영혼에 밥, 생선, 한과 등의 제물을 바쳤습니다. 기도는 엄숙한 순간마다 모든 참석자들을 일어나게 함으로써 중단되곤 하였습니다. 의식이 끝날 즈음 일본 황실 사절들이 가장 먼저 고인에 대한 마지막 참배를 드렸고, 이어서 고인의 아들들, 그다음에 총독과 영사단 등이 참배를 하였습니다. 상여 앞에서 인사를 하고 가까이 놓인 탁자 위에 하얀 종이가 부착된 비쭈기 가지(다마구시)를 놓는 것으로 고인에 대한 마지막 경의를 표했습니다. 의식은 11시경 끝났습니다. 날씨가 정말 좋았습니다. 하얗게 보이는 소복을 입은 수많은 인파가 장례가 치러지는 곳 주변 언덕마다 서서 찬란한 태양빛을 받으며 쥐죽은 듯 고요한 정적 속에서 엄숙하게 침묵을 지키면서 기도하는 듯한 분위기에 휩싸여 있는 모습은 자신들의 군주였던 자를 떠나보내는 이날 안식처에서 '고요한 아침의 나라'라는 명칭을 구현해 보여주는 것 같았습니다.

모든 게 단순하면서도 위엄이 있었습니다.

조선의 옛 군주의 공식 국장은 그렇게 거행되었습니다.

이와 동시에 서울의 다른 거리들에서는 장례식이 거행되는 곳으로 또 하나의 행렬이 다가오고 있었습니다. 이 행렬은 공식적인 것은 아니었으나 공식 행렬에 상응하는 순수한 조선식 군주 장례 예법을 따랐습니다.

고인의 유해가 안치되어 있어야 하는 상여 앞에는 왕이 살아 있을 적에 궁궐 밖으로 공식 행차를 나갈 때 보통 사용하던 가마가 있었습니다. 그 안에 죽은 황제의 영혼이 살아서 머무르고 있다고 여겨졌습니다. 가마는 붉은색 옷을 입은 가마꾼들 30명이 운반하였습니다. 가마를 든 가마꾼들 주변으로 궁정 관료들이 우산을 편 채 물이 든 은접시, 장검, "황제폐하 만세"라는 글귀가 적힌 깃발 들을 들고 서 있었습니다. 행렬 맨 앞에는 옛 조선의 최고위 관료에 해당하는 한성 경무대신, 한성부 판윤, 법무대신, 탁지대신이 있었습니다. 그 뒤를 조선 군인들이 따랐고, 이어서 궁수들이 따라 걸었습니다. 황제의 행차임을 알리는 붉은 깃발들이 멀리서도 보였습니다. 동서남북을 의미하는 4개의 신 청룡, 백호, 주작, 현무가 황제에게 충성하고 악령의 공격과 유해한 영향으로부터 황제를 보호하는 대표자로서 뒤를 따랐습니다. 북과 바라를 치는 사람도 뒤따랐습니다. 펄럭이는 깃발에서 전설 속 동물인 용과 봉황이 보였습니다. 안장을 얹은 거대한 대나무 마차를 말 4마리가 끌고 6명이 곰과 표범의 뼈와 가죽 뭉치를 들고 있었습니다. 그런 식으로 다시 말과 군기 들이 황제의 혼령이 깃들어 있다고 한 그 가마까지 이동하였습니다. 여러 무리들이 도끼와, 불사조나 용의 형상이 그려진 우산을 들거나 황제의 유언과 바람, 유훈이 담긴 함을 들고 가마 뒤를 따랐고, 한

특수 관리는 황제의 인장인 어새를 들고 걸었습니다. 그 뒤로 도끼 창을 든 병사들이 있었고, 그다음 붉은 등불과 파릇한 우산, 황제를 기리는 시가 적힌 군기 들이 뒤따랐으며, 함들이 또 있었고 계속 그런 식이었습니다. 마지막으로 140명이 상여를 메고 걸었습니다. 그 뒤로 500명이 횃불을 들고 따랐고, 다시 그 뒤로 호롱불을 든 500명과 등불을 든 수많은 사람들, 그리고 상징적 문양이 그려진 각종 깃발이 이어졌습니다. 이어서 황제의 혼령을 지키는 조선의 장군이 부관 2명을 대동한 채 걸었고, 그다음 곡소리꾼 2명, 그다음엔 내시들과 20명의 궁녀와 안장이 채워진 말들이 뒤따랐으며, 이어 갑옷을 입은 병사와 장교들, 그리고 주요 궁정신하 40명이 장례행렬에 끼어 있었습니다. 그 뒤로 황제의 전투장구인 갑옷과 투구, 활과 화살 그리고 의상이 운반되었습니다. 이들 뒤에서 황제의 가족과 친지들, 전직 대신들, 시종들 그리고 끝없이 많은 인파가 이어졌습니다.

　국장이 끝나자 조선식 장례 행렬은 고인의 관이 든 상여를 둘러싼 채 서울에서 20베르스타[약 21킬로미터] 떨어진 장지 금곡으로 출발하였습니다. 고인의 유해는 화려하게 옻칠이 된 관에 값진 천으로 가득 채워졌습니다. 고종에게는 조선의 전통적인 황제의상이 입혀져 있었습니다.

　주지한 대로 일본은 장례비로 예산 10만 엔을 할당해 국고에서 충당하였습니다. 이와 별도로 고인의 개인 재산에서 6만 엔이 더 지출되었습니다.

　장례식 날에는 모든 공공장소가 문을 닫았습니다. 각 영사관에서도 조기를 게양하였습니다. 황제의 염원에 따라 그의 아내였던 민왕후의 유해가 서울 도성 근처의 청량리 능에서 금곡으로 이장되었고, 남편이었던 황제와 합장되어 영면토록 하였습니다.

본 보고서 사본을 옴스크의 외무성에 제출하겠습니다.

영광스럽게도 깊은 존경과 더없는 충성심을 담아 보냅니다.

문서 No. 6[27]

서울 주재 러시아 총영사 류트쉬가 도쿄의 러시아 대사에게 보내는 보고서

1919년 6월 1일
No 6

3월 1일 시작된 조선의 만세운동은 조만간 끝났으면 하는 현지 당국의 바람과 달리 시간이 갈수록 잠잠해지는 것이 아니라 하루가 멀리 확대 심화되면서 무장폭동의 성격을 띨 위험이 생겼습니다. 이로 인해 일본 정부는 이 운동을 예의 주시하면서 비상한 진압 조치들을 취하기에 이르렀습니다. 이 조치들은 상황만으로는 정당화될 수 없을 정도로 잔인해서 지켜보던 외부인들의 격한 비난을 불러 일으켰으며, 문화 보급이라는 명목 아래 제국주의적 식민지 억압을 펼치고 있는 극동의 새로운 강자 일본의 어두운 면을 폭로함으로써 전 세계가 일본인들에 대해 갖고 있던 기존의 좋은 평판을 여지없이 무너뜨렸습니다.

만세운동의 중심지는 현 질서에 대한 인민의 불만이 표출될 낌새가 보였던 서울이었습니다. 서울에서의 그 낌새는 초기에 군의 특별감시 조치로 진압이 되었습니다. 그다음 평안도에서 그런 기미가

---

[27] Донесение Российского генерального консула в Сеуле Я. Я. Лютша на имя Российского посла в Токио, от 31 марта 1919 года, No 6 / ГАРФ. Фонд 200. Опись 1. Дело 535. Л. 124.

보이다가 3월 중순경 잠잠해졌고, 황해도에서도 그러하였습니다. 3월 중순부터는 경상도에서 안동을 중심으로 폭동이 시작되었으며 특히 용해(Ёнхэ)와 인근지역에서는 시위가 잦아서 군중들이 경찰과 헌병대에 여러 차례 체포되거나 갇히기도 하였습니다. 3월 말이 되자 서울과 경기도에서 다시 시위가 폭발적으로 일어났고, 군중들은 전차를 세우고 안으로 들어가 창문들을 깨부수었습니다. 3월 29일에는 시흥, 부천, 수원, 용산과 그 외 일곱 지역에서 시위가 벌어져 각 지역마다 200~2,000명이 참가하였습니다. 특히 수원에서는 경찰 초소들이 박살나고 관공서 건물들이 불에 탔습니다. 공식 통계자료에 따르면 3월 30일부터 4월 5일까지 일어난 시위에 참여한 조선인이 173,000명이었습니다. 분포는 다음과 같습니다.

도명	지역 수	참가자 수
경상남북도	14	51,000
경기도	41	35,000
충청남북도	33	37,000
황해도	20	15,000
강원도	7	4,000
평안남북도	37	28,000
전라남북도	6	3,000
합계	158	173,000

폭도들 대부분은 칼, 도끼, 곤봉, 낫으로 무장을 하고 있었습니다. 월산리(Ейдзандзи), 병천(Хейсен), 양양(Иодзио)과 다른 몇몇 지역에서는 시위가 특히 격렬해서 관공서 건물들과 전신국, 교각들이 사라지다시피 하였으며, 일본인들의 사유 건물들은 습격을 당했습니

다. 조선에 있던 군과 경찰(헌병 9천 명, 경찰 3천 명, 군 2개 사단)으로는 폭동을 진압하는 데 턱없이 부족해서 매번 현지 당국의 요구를 충족시킬 수가 없었습니다.

동시에 한편으로는, 파리강화회의에서 한국문제를 논의해 달라는 한국대표단의 지속적인 요구소식이 신문에 등장하기 시작했습니다.

현재 상황을 고려할 때 조선총독부는 만세운동 진압을 위한 특별조치를 취할 수밖에 없었고, 특히나 열강들의 태도는 이 사건에 있어 총독부에게 완전한 행동의 자유를 부여하였습니다. "파리에서 입수된 정보에 따르면 윌슨 대통령이 선언한 민족자결 원칙은 유럽의 피억압 민족에게만 해당하는 것이기에, 열강들은 끝없는 난관을 면하기 위해 이 문제에 관한 조선인들의 성명에 귀를 기울이지 않을 것입니다." 3월 말에 서울에서 도쿄로 간 조선 정무총감 야마가타가 조선에서의 소요에 대해 보고한 내용을 내각에서 논의한 결과가 총독부의 그런 조치들로 나타났던 것입니다.

4월 10일 조선총독은 다음과 같은 포고문을 발표하였습니다. 즉, 자신이 통치하는 한반도에서 법이 무너져 유감스러우며, 폭동이 심해져 현재 공무원들과 관공서 건물들이 습격받고 있음이 확인되고 있기에, 자신(하세가와 백작)은 "안녕과 질서를 회복하고 인민들이 평화로운 삶의 대성공을 확신할 수 있도록 도쿄 정부가 조선으로 군대를 보내 주둔하게 할 것을 요청하였다… 지금부터 시위 참가자와 질서 파괴자들에게는 가차없는 조치가 취해질 것이다…"라는 것입니다. 이어 총독은 주민들이 반란자들의 폭동에 가담하여 잔혹한 처벌을 받는 일이 없기를 바란다고 하였습니다.

이에 따라 일본 본토에서 원군 6개 대대와 헌병 400명이 조선으로 왔습니다.

4월 15일 폭도들에 관한 특별법이 발표되었습니다. 내용인즉, "정치적 변혁을 목적으로 다른 사람들과 함께 평화와 질서를 파괴하거나 파괴하고자 하는 자는 모두 10년 이하의 징역 혹은 금고에 처한다. 또한, 다른 사람을 부추겨 그런 행동을 하도록 선동하는 자도 모두 같은 형벌에 처한다(제1항). 발각 전에 제1항에 기술된 범죄를 자백하는 자는 죄가 경감되거나 완전히 면제될 수 있다(제2항). 이 법률은 일본 본토 밖에서 적용된다(제3항). 지금까지 조선에서의 정치범죄는 2년 이하의 금고로 처벌되었으며, 일본인과 외국인은 이 법의 적용을 받지 않았었다. 새로 공포된 법은 일본인과 외국인에도 해당한다."

　여행객들을 감시하는 규정도 발포되었습니다. 국외에서 들어오거나 국외로 나가는 모든 조선인은 반드시 특별 허가증을 소지해야 하며, 해당 대사관에 억류되거나 현지 당국으로부터 벌금을 부과받을 수도 있습니다. 그리고 호텔이나 개인 가정집에 머무는 자들에 대해서는 반드시 경찰에 고지를 해야 합니다.

　만세운동을 무력으로 진압하라는 정부 결정에 따라 4월에는 조선의 주요 도시들이 일본에 의해 점거되는 양상을 띠었습니다. 특히 서울의 주요 거리들에는 5~10사젠[약 10~21미터]에 걸쳐 무장한 일본군들이 배치되었으며, 몇몇 곳에는 10~20명의 순찰대가 생겼습니다. 거리마다 기관총의 움직임이 관찰되기도 하였습니다.

　조선 어용신문들의 보도에 따르면, 경성 부윤[서울시장]이 저명한 조선인 사업가 40명을 불러 상점을 열라고 "조언"했으며 경찰은 그들에게 이 조언을 따르라고 "설득"했다고 합니다. 이 두 단어가 무엇을 의미하는지는 저절로 이해됩니다.

　거리에 조금이라도 사람이 모이면 군인들이 끼어들어, 대개는 그럴 만한 상황이 아니었음에도 잔인한 폭력을 가함으로써 일본인에 대한 식민지 조선의 분노를 야기하였습니다. 그와 같은 진압 방식은 고문과 음란한 조롱을 동반하였으며 때로는 기독교 박해라는 성격도 띠었는데(조선에는 모두 316,768명의 기독교인이 있습니다), 이것은 당연히 여기 있는 선교사들이 일본인에 대해 격분하게 만들었습니다. 일본인들이 무방비의 주민들을 상대로 믿기 어려울 정도의 잔인한 일들을 벌이고 있다는 소문이 도처에 퍼지기 시작했고, 이 소문은 목격자들의 증언을 통해 확인되었습니다. 현지의 어용신문까지도 어떤 선교사가 이 일에 대해 평양에서 보낸 편지를 게재할 정도였습니다. 편지에서 에플린 M. 로버트 부인은 이렇게 쓰고 있습니다. "저는 저희 집 밖에서 진압자들이 여자 한 명을 포함한 7명을 쳐서 쓰러뜨리는 것을 직접 보았습니다. 돌도 몽둥이도 들지 않았으며 어떤 폭력도 쓰지 않고 다만 감정에 겨워 손을 막 들어올린 여자들을 향해 총을 쏘는 소리도 들었습니다. 또, 무참하게 맞아서 형체가 일그러져 버린 6명도 보았는데 그중 둘은 이미 결박된 채로 맞고 있었습니다. 어느 날은 100명이 체포되어 시골에서 도시로 끌려온 걸 본 적도 있었고, 그 다음엔 20명이 그런 걸 보았는데 그중에는 10살이 채 안 된 어린이들과 허리가 굽어 지팡이를 짚은 노인들도 있었습니다. 어떤 군인은 개에게 하듯 사람들에게 돌을 던지기도 하였습니다. 저는 군인들이 여자며 어린이며 할 것 없이 칼을 뽑아들고 사람들을 잡아가는 것을 목격했습니다. 거리에 있던 사람들은 당연히 훨씬 더 공포스런 광경들도 보았을 테지만, 제가 집 창문으로 본 것으로도 충분히 그것은 저와 제 어린 아이들의 기억에서 결코 사라지지 않을 것입니다."(4월 3일자 『서울프레스』)

가깝게 지내는 사람들 중에 서울 미군병원에서 일하는 이들이 전해주는 바에 따르면, 4월 초에는 병원 전체가 부상당한 조선인들로 가득 찼다고 합니다. 미국적십자사는 구타당한 사람들에게 쓸 붕대를 마련하느라 과부하 상태였습니다. 어떤 사람은 총검으로 온몸이 18군데나 찔려 죽었습니다. 아기로 보이는 이 조선인의 사진이 이곳 대리공사들의 손마다 돌려졌는데, 총의 개머리판에 맞아 박살난 아기의 두개골에서는 뇌가 쏟아져 나와 있었습니다.

조선에서의 진압 상황에 대한 기술을 참조하여, 조선에서 벌어지는 일본의 군사적 압박 하에 주민이 신음하고 있으며 그 안에서 조선인은 눈 멀고 귀 멀고 말 못하는 무방비 상태일 수밖에 없는 상황을 논하면서 『재팬 애드버타이저』 특파원은 4월 2일 게재된 편지에서 이렇게 말하고 있습니다. "일례로 지난 토요일 우리는 서울 서쪽에서 300명가량의 행렬을 보았는데, 군인들이 총검을 빼 들고 그 뒤를 쫓자 도망가던 사람들이 미국과 영국 대리공사의 정원에 숨었으나 군인들은 이들을 추격해 찔러 죽였다. 우리는 행렬과 전혀 상관없는 사람들이 잔인하게 맞아 쓰러지고 체포되는 것을 직접 보았다. 내가 본 어떤 사람은 총의 개머리판에 머리 여섯 곳이나 맞고 옷이 피투성이가 된 채 정신을 잃고 쓰러져 있었다. 밤에는 헌병들이 거리를 다니면서 권총을 쏘고 주민들을 놀라게 하는가 하면, 떼 지어 집을 수색하기도 한다. 그나마 사람들의 이목이 있는 서울 상황이 이럴진대, 지방은 몇 배나 더 끔찍할 것이다. 몇몇 외국인들은 이 충격적인 장면들을 목격하였다. 그 즈음 서울뿐 아니라 조선 전역에 자발적인 일본인 선동가들이 나타나 곤봉과 쇠갈고리로 무장한 채 시위자들을 사냥하고 있다... 조선 내 외국인 사회는 중립적 입장을 취하고 있으나, 사실들을 지켜보면서 남자 여자 어린이 할 것 없이 이 불행한 한반도의 무방비 상태 사람들에게 가해진 잔혹한 행태에 항의하지 않을 수 없는 지경이 되었다."

이곳 미국 영사는 자신의 보호 하에 있는 미국 선교사들에게 폭동 교사자라는 딱지가 붙고 있기 때문에 개별적으로 벌어지는 만세운동이 각각 어떻게 설명되는지 각별한 관심을 기울이면서, 선교사들과도 관련된 소요를 일본이 어떤 방식으로 진압하는지 가장 대표적인 방식을 수집하는 데 고심하고 있습니다. 그가 저에게 친절히 전해준 그의 비망록 중에서 가장 명확하고 확인된 사실들을 들어보겠습니다.

1) 폭도들의 격문을 인쇄하도록 학교 등사판 사용을 허락해 준 혐의로 미국인여자학교 서기가 체포되었다. 그는 결박된 채 구타를 당하면서, 학생들에게 등사판을 내주었고 만세운동을 지원한 대가로 모우리(Моури)에게서 돈을 받았다는 허위 자백을 강요받았다. 그는 다른 60명과 함께 14×8피트의 방에 7일간 갇혀 있었는데, 그 안에서 이들은 앉지도 눕지도 못한 채 내내 서서 음식도 먹고 서로 기댄 채로 잠도 잤다. 그들의 모든 자연적인 욕구는 60명이 있는 이 작은 방 안에서 해결해야 했다. 그는 감금된 지 16일 후 무죄 석방되었다.

2) 미국인학교 학생 한 명은 집에서 체포되어 경찰서 유치장에 20일간 갇혔었다. 그가 풀려난 후 그를 초대했을 때, 나는 그의 양 어깨와 두 손, 그리고 그를 가죽 포승줄로 졸라맨 자리에서 깊고 붉은 흉터들을 보았다. 그는 가슴이 눌려 거의 숨이 멎을 정도로 단단히 묶여 있었던 것이다. 그는 살갗이 벗겨져 피가 흐르지 않도록 특수하게 종이로 감싼 대나무 몽둥이로 어깨와 손을 두들겨 맞고 의식을 잃었다. 막대기를 종이로 쌌지만 구타가 하도 심해서 깊은 자국이 남았던 것이다. 구타를 당하고 며칠이 지났으나 이 자리들은

내 손가락이 살짝만 스쳐도 아주 예민해져서 내가 그를 건드리자마자 소년은 고통으로 몸부림쳤다. 몸이 묶인 채 아픈 상태에서 그는 어떤 천도교인이 맞는 것을 보았는데, 정신을 잃으면 고문을 하면서 감각이 돌아오게 하기를 8~10차례나 하였다. 또한 그는 바닥에 내던져져 정신을 잃을 때까지 발로 짓밟히는 한 소년도 보았다. 한번은 자신이 잔인한 구타로 거의 죽을 지경이 된 적이 있었다는 이야기도 해 주었는데, 이 상황은 나중에 자신이 풀려난 후 병원을 찾아온 선교사 도리스(Дорис) 부인에 의해 확인되었다. 그녀가 본 바에 따르면, 달구어진 쇠붙이로 피부가 붉어지도록 태운 자리들에 길이가 5베르소크[약 22.3센티미터]나 되는 상처들이 4군데 있었으며, 정상보다 두 배나 부어오른 손의 테두리처럼 일어선 피부는 감각이 없었다는 것이다. 그는 이 선교사에게 저들이 자신을 구타한 이야기며, 그리고 자신이 의식을 잃을 때까지 때리다가 의식을 잃으면 의식이 돌아올 때까지 물을 먹이고 발가벗겨진 몸에 물을 부었고 다시 의식을 잃을 때까지 대나무 몽둥이로 패면서 심문을 했다는 이야기를 들려주었다.

  3) 3월 7일 평양에서 25마일 떨어진 부백(Пупайк, 孚白)마을과 소강(Сокан)마을에서 시위가 있었다. 이 시위에는 그 마을 주민 거의 전부가 참여하였다. 이튿날 군인 4명과 조선인 경찰 1명이 그곳 교회의 목사를 찾으러 왔다. 목사를 찾지 못하자 그들은 학교 교사 한 명을 붙잡더니 군도로 머리를 두 번 가격하고는 가랑이 사이에 군도를 두 차례나 쑤셔 넣었다. 교회 장로가 나와서 이에 항의하자 군인 하나가 군도로 팔과 옆구리를 가격하였다. 부상을 입은 교사와 장로가 정신을 잃고 쓰러졌다. 이 모습을 본 조선인 경찰은 놀라서 줄행랑을 쳤다. 군인들이 목사의 집을 수색하자 두려움에 떨던 사

람들이 도망치기 시작했고, 젊은 사람들은 도망을 가면서 돌을 던졌다. 군인들이 몸을 돌려 이들에게 총을 쏘았고 이에 4명이 총상을 입었다. 이 네 명은 순안에 있는 어드벤티스트파 병원으로 옮겨졌으나, 군인들이 매일 병원에 나타나 자신들을 체포해 가려고 하자 기겁한 나머지 며칠 후에 도망쳐 버렸다. 그들 중 두 명은 나중에 자기 집에서 체포되어 평양 감옥에 갇혔다.

 3월 8일과 9일 군인과 경찰 들이 목사와 교회 관계자들을 찾으러 다시 왔고, 19일과 24일에는 경찰들이 다녀갔다. 4월 4일 일본 헌병들과 경찰이 와서 여자들에게 남편이 어디 있는지 대라고 했다. 이들은 무엇이라도 얻어 내려고 몽둥이와 소총으로 여자들 5명을 마구 때렸다. 한 장로의 아내가 특히 심한 부상을 당했는데, 온 몸에 붉은 핏줄이 보였다. 4월 16일에는 경찰의 부추김으로 마을 불량배들이 종루를 때려 부쉈고, 이튿날 헌병들이 그 결과를 확인하러 왔다. 4월 18일 한 일본인이 와서 통역관을 통해 사람들에게 설명을 하였는데, 내용인즉, 마을의 기독교인들은 이상한 악마들한테 속아 아무것도 이해하지 못하고 있으므로 쫓아내서 그들을 망쳐 놓은 미국인들과 함께 살게 해야 한다는 것이었다. 또, 성경에는 독립이나 '만세'에 대한 내용이 전혀 없으며, 기병 4천 명과 보병 3천 명이 모든 기독교인을 박멸하러 왔으므로 인민들이 기독교인들을 쫓아내지 않고 계속해서 그들과 함께 살면 총살을 당하게 될 것이라고도 했다. 그는 이틀 동안이나 사람들에게 죽여버리겠다고 협박하며 기독교인들을 쫓아내라고 했다. 그날 밤 교회를 경멸적으로 대하던 술집 주인 두 명(이름은 알려져 있음)이 반쯤 술에 취한 사람들 몇 명을 데리고 기독교인들의 집에 가서 대문과 창을 부숴 버리고 19일 새벽에 여덟 가옥의 기독교인 가족들을 그들의 집에서 쫓아냈다.

그러고 나서 마을 주민들에게 기독교인은 전부 쫓겨났다는 판정에 서명할 것을 강요하였으며, 헌병들에게 이 판정문을 제출하자 헌병들이 이 사건 전반에 대해 완전히 승인하는 태도를 취했다. 추방된 자들 가운데는 목사, 장로, 권사, 교사도 있었다. 여자와 어린이들에게는 그날 밤과 낮에 걸쳐 폭행이 자행되었다. 4월 7일 소강(Сокан)에서 시위가 벌어진 후 4월 10일 헌병대장이 그곳에서 기독교인 4명을 체포하고 나서 그들의 아내와 아이 들을 끌어내 마을에서 쫓아내라고 하였고, 한편으로는 부하에게 장로의 재산을 팔 것을 지시하였다. 이 지시는 이행되었다. 그런 식으로 이 모든 일이 마무리되었다. 기독교인 열두 가족은 이미 가장들이 체포되어 없는 상태에서 자신들이 살던 마을에서 쫓겨나 피란처를 찾아야 했다. 이상은 수많은 목격자들의 진술을 통해 확인되고 있는 의심의 여지가 없는 사실이다.

　미국 영사의 비망록은 이 사건에 대한 기술을 그렇게 끝맺고 있습니다.

　4) 군청 경찰이 각 가옥의 청소 상태를 점검하기 위해 4월 27일 평안도 장천(Чанчун)마을에 올 것이라는 소식이 들려왔다. 교인들에게는 고난의 시간이 기다리고 있다고들 하였다. 기독교 주민은 누구나 특히 더 신경 써서 청소를 하였다. 교회에서 돗자리들을 가지고 나와 먼지를 털고 환기를 시키는가 하면, 마루를 닦고 설교단과 단상도 깨끗하게 하였다. 집사가 경찰이 오기 전에 모든 일을 끝내기 위해 아침 일찍 예배를 드리러 모두 모이라고 했다. 그런데 그가 교회에 가려고 집을 나서는 순간 경찰이 마을로 들어오는 것이 보였다. 일본인 1명이 선두에 섰고, 조선인 경찰 2명, 서기 2명, 군 견병 2명이 뒤에 있었다. 그들은 교회로 오더니 설교단에 올라 교회

성직자들 중에서 지위가 높은 두 명을 불러냈다. 일본인이 설교단에서 내려와 손가락으로 마루를 문지르더니 손가락을 들어 교회지기들을 가리키면서 "먼지가 얼마나 많은지 봐"라고 말하는 것이었다. 그런 다음 불려 나온 한 성직자에게 마루에 앉으라고 하고서 도리깨처럼 생긴 묵직한 몽둥이를 들고 그 노인의 등을 후려치기 시작했다. 노인은 분노에 차서 "무슨 잘못을 했다고 칠십 먹은 노인을 이렇게 사정없이 벌하는 겐가? 게다가 여기 있는 이 칠십 노인은 아무짝에도 쓸모없는 교인인데."라고 소리쳤다. 이에 "칠십 살이 무슨 상관이야 ... 몹쓸 기독교인 같으니라고..."라며 그를 더욱 세게 내리쳤다. 그런 식으로 다른 한 사람도 마구 팼다. 그리고 나서 그들은 교인 명단을 들고 마을을 다니면서 교인이 아닌 집은 전혀 거들떠보지도 않다가, 기독교인 집이면 허가도 없이 무조건 들어가 다른 사람들은 그대로 제쳐 둔 채 집이 청소가 됐는지 안 됐는지 검사도 안 하고 교인들의 집에만 들러서 남자, 여자, 아이 들을 나이 불문하고 마구 때리는 것이었다. 어떤 한 집에서는 여자들을 세워 놓은 뒤 구타를 했는데, 한 나이 든 여자는 사정없이 맞은 뒤 병이 들었다... 그들이 집사의 집에 왔을 때는 집사 혼자 있었고 가족은 공포에 질려 도망을 가 버린 상태였다. 집사는 설마 그들이 자신을 또 때릴까 싶은 생각에 집에 남아 있었던 것이다. 하지만 경찰은 그를 다시 잡아 온몸을 가격하였다. 그러다가 멀찌감치 떨어져 있던 그의 아들이 아버지가 고통스러워하는 모습을 보다 못해 그 현장으로 다가오자 아들에게 달려들었다. 그들은 교인의 집이 아닌 데는 피해 다니면서 자신들이 갖고 있는 목록을 보며 조선인 교인들의 집만 수색했다.

미국 영사관에는 일본 정부가 소요를 진압할 때 보인 그와 같은 태도를 증언하는 자료가 쌓여 있습니다.

　소요 진압 시 현지 당국이 보인 태도에 특히 분노하게 된 것은 수원에서 발생한 그 유명한 사건[28]을 처리하는 방식 때문이었습니다. 거기서는 전에 없던 잔인함과 교활환 술책, 그리고 비인간적 살인과 저열한 배신이 난무하였습니다. 이 사건은 영국과 미국 영사관에서 소상하게 조사하였습니다(제게 미국 측 보고서 사본이 있습니다). 극동의 언론이 이 사건을 상세히 기술하였는데, 사건의 본질은 다음과 같습니다. 어느 날 수원에 군인들이 나타나서 조선인 기독교신자들은 전부 교회로 모이라고 하였습니다. 사람들이 교회에 가득 들어차자마자 군중을 향해 소총을 쏘더니 이어 군도와 총검을 들고 그들에게 달려들었습니다. 사망자 수는 30명 가까이 되었습니다. 그 다음엔 교회에 불을 질렀고 이 불이 삽시간에 마을에서 도시로 번졌습니다. 도시의 일부는 높은 지대에 위치하고 있어 화재가 미치지 않았기 때문에 군인들은 의도적으로 그곳에도 방화를 하였습니다. 가재도구를 건지려는 사람들은 전혀 없었습니다. 그 어떤 구조를 위한 시도를 하지 않은 채 군인들은 자신들이 시작한 파괴 작업이 자연스럽게 끝나도록 놔둔 채 유유히 떠났습니다. 사람들이 살던 곳은 이제 폐허로 변했습니다. 며칠 후 그곳을 찾은 미국 부영사와 영국 영사관 주임은 까맣게 타버린 주검들과 아직도 불이 꺼지지 않은 채 연기가 나고 있는 자리들을 몸소 보았습니다. 미국 부영사의 보고서에 따르면 다른 15곳도 그런 식으로 잿더미가 되었다고 합니다.

　일본인들의 잔혹함을 보여주는 사건들을 하나하나 열거하려면 너

---

[28] 역자주－수원 제암리 교회 방화사건을 이른다.

무 많은 지면이 필요합니다. 이곳에서 만세운동을 진압할 때 사용된 방식들을 밝히는 데는 이상의 사실들로 충분하다고 생각합니다.

현지 어용언론은 이런 사건들에 대해 침묵하거나 아니면 그것이 시위자들의 소행이라고 설명하는 한편 외국인 선교사들에게는 조선인 개종자들이 일본에게 호의적으로 행동하도록 가르칠 것을 종용하였습니다. 비공식 일본 언론은 외국인 선교사들이 조선인들로 하여금 폭동을 일으키도록 선동하고 조선의 각종 반일 운동을 고무하고 있다고 비난합니다. 이들은 특히 미국인 선교사들을 공격합니다. 그런 식의 기사가 여러 차례 등장하자 현지 영사단은 서울의 일본 신문인 『조선신문』과 『경성일보』가 기독교 전도사들을 무고한다며 공동 대응하고 있습니다. 영사단이 그렇게 나서게 된 계기는 4월 29일 위 신문에 게재된 한 편의 기사였습니다. '더할 수 없이 거만해진 선교사들이 조선인 기독교인들에게 일본 정부에 필사항전하도록 부추기고 있다'라는 제목의 기사 내용은 이렇습니다. "폭도 같은 어떤 나라 선교사들이 서울에서 무식한 인민을 꼬드겨 작금의 소요사태를 야기시켰고, 우리의 식민정책을 조롱하는 상해와 베이징의 반일 신문들에 근거없는 거짓 정보들을 보냈으며, 그래서 전반적으로 그들의 추한 행동 때문에 우리는 그들의 죄과를 폭로하게 되었다. 그런 일이 있을 때마다 신문은 거의 언제나 이 선교사들을 지목하면서 그들의 신분에 맞지 않은 행동에 귀추를 집중해 왔다. 어떤 나라 선교사들의 말과 행동을 보면 여전히 자신들의 임무를 이해하지 못하고 있는 것 같다. 당국은 지속적으로 그들을 예의 주시하고 있다. 만일 이들이 충성스런 국민에게 해가 되는 일을 하고 있는 것이 발각되면 국적에 상관없이 일본 법률에 따라 엄벌에 처해지고 말 것이다. 하지만 이들이 범죄가 될 만한 말이나 행동을 했다는 적절한 증거를 찾는 일은 꽤 어렵다. 현재 상황에서 그들은 놀라울 정도로 의외의 중의적 표현을 사용해 조선인 교인들에게 이야기를 함으로써 충성스런 국민을 오도하고 있으니, 정말 안타까운 노릇이다. 4월 27일 어떤 나라의 선교사는 서울에서 이렇게 말했다고 한다. "최근의 신문 기사들을 보니 이탈리아와 벨기에는 1차 대전 참전국임에도 불구하고 강화회의에서 불리한 위치에 놓여 있으며, 이탈리아는 벌써 배제되었다고 합니다. 이런 상황에서 조선인 여러분들이 강화회의에 가서 자신들의 자결권을 소리 높여 천명하고 있긴 하지만 이것은 실패할 운명이 아닐까요?! 그러니 여러분은 그런 소극적인 행동은 집어치우고 여러분 민족의 독립을 위해 죽을 각오로 일본 정부에 대항해야 합니다." 그런 도발적 설교가 있었다고 보도되고 있다. 만약 이것이 사실이라면 그 선교사를 감시해야 하지 않을까?"

이미 여러 차례에 걸쳐 사실과 이름도 정확히 밝히지 않은 채 기독교 선교사들이 폭동을 사주한다는 근거 박약한 비난을 하는 이런 기사들은 (적극적인 외국인 기독교 전도사 478명 중 지금까지 모우리 씨 한 명만이 소요 참가자들을 도운 혐의로 재판에 회부되어 있습니다. 그는 폭동 가담자 은닉 혐의로 고소된 상태입니다) 선교사들로 하여금 이곳에 있는 자국 대표들에게 보호를 요청하도록 자극합니다. 이 문제에 특히 관심을 갖고 있는 미국 총영사는 현지 당국에 보내는 항의문을 작성하였고, 이 항의문은 영사관들의 승인을 얻어 균일하게 정확한 단어들로 번역되어 각국 영사 명의로 현지 외무국장에게 송달되었습니다. 항의문은 위 기사를 인용하면서 미국 선교사들의 보호를 위해 이렇게 말하고 있습니다... "나는 귀하께서 『조선신문』에 대해, 폭동을 사주했다고 한 그 선교사의 이름을 밝히라고 요구할 것과 그의 국적이 ∞임이 증명될 수 있는지 알려줄 것을 요청하는 바이다. 만약 그 선교사의 국적이 ∞이 아니라고 판명될 경우, 나는 『조선신문』이 거기에 실린 무자비한 비난에서 ∞ 선교사들은 제외한다는 확정 기사를 게재하리라 기대한다."

이 항의에 대해, 신문에 기사가 실리면 총독부는 출판법 위반이 아닌 이상 어떠한 조치도 취할 권한이 없다는 애매한 답변을 해 왔습니다. 또한, 전처럼 신문들에게 해당 문제에 대해 조심스런 태도를 가질 것을 다시 경고했다는 점도 알려 왔습니다. 이와 관련한 두 번째 후속 항의에 대해서 받은 답변도 더 만족스럽지는 않았습니다.

각 지역 대표들—미국, 프랑스, 영국—과 개인적으로 면담을 하면서 저는 그들이 이곳에서 일어난 소요들로 인해 일본인들에게 극도로 격분하고 있다는 인상을 받았습니다. 나의 미국인 동료는 특히 분노하고 있는데, 그는 1,150,000엔(1918년)의 예산으로 조선에서의 기독교 포교에 적극적인 일꾼 387명을 데리고 20만 명이 넘는 조선인을 개종시켰습니다. 만세운동 선동자라는 식의 미국인들에 대한 사회와 언론의 점증하는 공격, 그와 똑같이 경찰이나 헌병 같은 하위 권력들이 미국인 선교사들에게 보이는 노골적 적의는 미국인 선교사들이 자신들의 대표에게서 보호를 요청하게 만듭니다. 미국 영사관에는 만세운동과 관련해 일본인들에 대한 탄원서가 말 그대로 산더미처럼 쌓여 있습니다. 개별 사건들에 대한 상세 보고서가 공사관과 워싱턴으로 끊임없이 가고 있습니다. 당연히 미국 영사는 개인적인 대화에서도 그리고 상사에게 보냈을 자신의 공식 보고서에서도 일본인을 용서하지 않으며, 이를 통해 미국의 지배층 안에서 일본의 조선 정책에 대해 격한 분노의 분위기를 조성하고 있습니다.

프랑스 영사 역시 일본인들에 대한 개인적 불만의 근거를 적지 않게 갖고 있습니다. 가톨릭 선교사들은 현재의 소요들이 일어났을 때 특별히 박해를 당하지는 않았습니다. 그런 면에서 프랑스 영사관에는 일본 당국에 대해 특별한 불쾌감이 없었습니다. 하지만 그 대신 저의 프랑스인 동료는 더 예민한 곳에서 감정이 상했습니다. 프랑스 영사관 통역관이 저녁에 산책에서 돌아오다가 시위 군중에게 휩쓸렸고 군중 사이에 있다가 체포되어 이후 재판을 받았습니다. 그를 기소한 죄가 명확히 입증되지 않았음에도 불구하고(그의 죄는 다른 시위자들과 함께 "만세"를 외쳤다는 것이었습니다) 법정은 그에게 징역 1년을 선고하였는데, 그 전에 그는 끔찍한 환경의 이곳 일본 감옥에서 약 한 달을 보냈고 나의 동료는 한동안 중요한 보좌관을 잃어야 했습니다. 제 프랑스인 동료 갈루아 씨는 자신의 통역관(그는 파리의 조선외교사절단 비서로서 일정 기간 그곳에서 사절단을 관리하였습니다)의 결백을 확신한 데다 그를 임기응변에 능한 사람으로 알고 있어, 그를 석방시킬 서류를 작성하면서 쓸데없는 일로 귀찮게 만드는 데 격분하여 일본인 이름만 들어도 이를 갑니다. 당연히 그의 공식 표현들에서 적의가 느껴질 것이라고 생각됩니다.

나중에 유죄로 인정되지 않는데도 체포가 반복되고(가령 부산에서) 때때로 영국인 선교사들을 박해하는 사건이 일어나자(일례로 일본 군인들이 서울 근처에서 자기 땅을 측량하던 선교사 토마스를 조롱하고 모욕하며 사정없이 때린 일) 나의 동료는 굉장한 불만을 갖지 않을 수 없었고 그래서 일본인들이 만세운동을 진압할 때 했던 행위들을 그에 걸맞게 기술하였던 것입니다.

이곳의 우리 정교 선교단은 러시아인 선교사 1명이 대표하고 있는데, 그는 기독교에서 하는 것과 같은 적극적인 설교와는 거리를 두고 외국인 사회와도 전혀 접촉하지 않은 채 제한된 수의 조선인

정교신자(606명)만 데리고 있어서 박해의 고통을 겪을 일이 없었습니다. 하여 우리는 이 점에 있어서는 일본인들에게 불만을 표할 이유가 없습니다. 그러나 일본은 여전히 러시아 영사관의 심사도 한 번 건드릴 필요가 있다고 생각한 모양입니다. 프랑스 통역관이 체포되던 날 저녁 그의 모임에서 시간을 함께 보냈던 우리 통역관이 검사에게 소환되어 폭동 참가 여부를 심문받았기 때문입니다. 하지만 증거가 전혀 없어서 풀려났습니다.

  상황이 이렇다 보니 영사단은 정부에 보내는 공식 보고서에서 이곳에서 일어난 사건들에 대해 일본의 만세운동 진압 방식을 신랄하게 비판하는 것 외에 달리 설명할 수가 없었습니다. 한편에선 선교사들도 개인적인 신문통신과 공무원에게 보내는 공식 진술서를 통해, 뿐만 아니라 기독교 전파에 대해 일본의 박해를 받는 처지에서 해외 사회단체들로 하여금 이곳에서 일어난 일을 논의하도록 유도함으로써 일본의 식민정책에 반대하는 여론을 조성하고자 노력하고 있습니다. 이곳에 거주하는 선교사들을 출처로 하여 일본에서도 중국에서도 이미 많이 나온 기사들이나 아니면 그 선교사들이 특히 서울 주재 미국 영사에게 보낸 진술서들을 상세히 논하지는 않겠습니다. 그것들은 잘 알려져 있으니까요. 저는 최근의 체제가 낳은 현상들 중에서 미국교회연합회의와 일본위원회가 4월에 뉴욕에서 가졌던 미팅에 주목하고자 합니다. 이 미팅에서 다루어진 조선 문제는 특히나 첨예하게 제기되었습니다. 미국교회연합 회원들은 조선에 있는 선교사들이 쓴 여러 권으로 묶인 진술서들에 근거하여, 일본이 통치 체제를 바꾸고 잔인한 통치자들을 쫓아내지 않는다면 조선인들을 위해 미국 내 여론에 호소해야 한다고 주장하였습니다. 이 문제를 설명하기 위해 특별위원단이 선출되었습니다. 필라델피아와 하와이에 거주하는 조선인들 또한 여론에 호소하였으며, 하와이에서는 소요 당시 고통을 당한 이들을 위해 상당한 액수의 돈도 모금되었습니다. 일본인들이 조선에서 저지른 잔혹한 행위 때문에 미국에서 원성이 높아지자 미국 주재 일본 공사까지 나서서 이곳에서 이야기되는 일본의 잔인한 폭력에 대해 미국 신문들을 통해 공식적으로 반박하였습니다.

일본 본토의 일본 언론은 외국어 신문이나 일본어 신문이나 모두 조선 사태에 관심을 기울이고 있습니다. 독립 신문인 『재팬 크로니클』[29]은 사실 수집과 통신문들을 통한 그 사실의 조명 그리고 또 사설들을 통해서 일본의 한반도 정책을 매우 신랄하게 비난하고 있습니다. 일본의 평판을 실추시키게 될 수도 있는 내용, 그리고 조선에서의 소요와 관계된 개별 사건들의 언급 금지와 검열이라는 조건에서 게재가 허용된 내용들은 모두 이 신문 지면에 올라옵니다. 각각의 체포사건, 잔혹한 행위, 일본 정책을 나쁘게 기술한 인터뷰 등으로 『재팬 크로니클』 지면이 채워져 있습니다. "조선의 소요사태"라는 특집란에는 다음과 같은 제목의 기사들로 가득합니다. '경찰과의 충돌', '군중을 해산시키는 헌병대', '본격적인 무기 등장', '벽지의 폭력 현장', '공동화되는 학교들', '어마어마한 조선인 사망자 수'(3월 13일자 주간발행판), '긴장하는 당국', '헌병들과 또 충돌', '다시 또 살육'(3월 20일자), '경찰의 잔혹함', '군사적 폭압의 결과는?' '은밀한 조사'(3월 17일자), '미국인학교들 수색', '군중을 향해 쏘다', '반일 분위기 고조'(4월 24일자), '10세 소녀 체포'(4월 3일), '불 탄 교회', '다른

---

[29] *Japan chronicle* 신문은 일본 고베에서 발행되었으며 극동지역에서 영국의 이해를 대변하면서 가끔 일본의 정책을 비판하였다.

교회도 불탔다' 등등.

3월 20일자 머리기사에서 신문은 의회에서의 질문을 논하면서, 왜 폭동을 미연에 방지하지 못했는가라고 묻는 데 놀라움을 표하였습니다. '당국이 시위가 일어날 것이라는 걸 어떻게 알 수 있었단 말인가?... 조선어 신문은 단 하나도 허가되어 있지 않은 상황이고 조선인들은 누군가 엿들을까 봐 그리고 생각을 공개적으로 밝혔다가 위험에 처할까 봐 극도로 말을 조심해야 하는데 말이다. 냇물을 멈추게 하는 것과 똑같은 사상의 억압은 사상을 폭발시킬 뿐이다... 무엇이 준비되고 있는지 당국이 몰랐는데 당국은 왜 대비를 하지 않았는가라고 묻는 것은 어리석음의 극치이다...' 신문은 일본이 한반도에서 이룩한 몇 가지 개선점들을 부정하면서, 일본인과 토착 주민을 동화시키는 방식에, 특히 지금과 같은 소요 진압에 대해 명백히 부정적인 입장을 취하고 있습니다. '헌병들이 무기를 사용하기 전까지는 거의 모든 시위에서 어떤 위험요소도 없었다... 중립적인 입장에 섰던 사람들이 목격한 바에 따르면, 진짜 폭동은 오로지 경찰의 개입 때문에 시작되었다...'

나아가 이 신문기사는 조선의 발전을 위한 외국인 선교사들의 역할을 지적하다가, 일본이 기독교 전도자들에게 사실과 전혀 부합하지 않으며 지난날 데라우치 백작 암살 음모30) 당시에 재판을 통해서도 사실 무근임이 밝혀진 만세운동 선동자라는 의미를 덧씌우고 싶어 한다고 언급하고 있습니다.

---

30) 1911년 초 서울에서 총독 데라우치를 해하려 했다는 음모(105인 사건 - 역자)가 터졌다. 나라 전역에서 전반적인 검거가 이루어졌다. 반일단체 「신민회」(Новое народное общество) 회원 600여 명이 검거되었는데, 그중에는 한인기독교인도 있었다. 음모 주동자로 안명근(Ан Мёнгын)이 지목되어 종신징역형을 선고받았다.

3월 20일자 머리기사에서는 또 생각과 감정을 표현하지 못하게 하는 일본의 정책도 심도 있게 비난하였습니다. 그런 정책 때문에 인민이 바라는 바를 알지 못하여 조선의 사태에 대해 잘못된 해석을 내리게 된다는 것입니다. 기사는 반란의 원인을 황제의 죽음과 민족자결주의로 봄으로써 시위가 생명과 재산을 해하지 않는 평화적 성격이라는 점을 지적하면서, 일본 차지가 된 지역의 어떤 감정도 좀처럼 드러내지 않던 주민들로부터 다시금 크나큰 공감과 호감을 불러 올 것이라고 지적하고 있습니다.

4월 3일자 긴 기사에서는 일본과 조선 민족은 같은 신성한 조상에서 유래하여 혈통이 일치한다는 관념을 조선인들에게 습득시켜 그들을 동화하려는 원내 민족주의 정당 당원 타카기 마츠타로(Такаги Мацутаро, 高木松太郞)의 생각을 준엄하게 비판하고 있습니다. 역사적 정의로 보나 상식적으로 보나 그런 식의 친화화는 매우 불합리하다는 지적입니다. (이 사상을 실현시킬 실질적 방법 마련을 위해 9명으로 구성된 의회위원단이 선출되었습니다.)

4월 10일자 머리기사는 정부가 시행 중인 한반도에서의 조선인과 일본인 차별 문제 논의에 할애되었습니다. 필자는 잘 알려진 다음의 사실들을 지적하고 있습니다. '1916년 인구조사를 보면 조선인은 16,648,129명, 한반도 내 일본인은 320,938명이었으나 일본인학교 운영에는 339,660엔, 조선인학교 운영에는 602,888엔이 할당되었다, 이렇게 해서 비록 조선인 인구가 일본인보다 50배나 많음에도 불구하고 일본인 학교에 할당된 돈은 조선인 학교보다 절반을 조금 더 상회하였다, 일본어를 잘 아는 교육받은 조선인 경찰의 봉급은 최대 20엔인 데 반해 무식하고 무례한 최하층계급 출신의 일본인 경찰 봉급은 40엔이다, 또 우체국에 근무하는 조선인들은 15엔부터 근무를 시작해서 30엔까지가 최대이지만 일본인의 경우는 동일한 업무나 또는 조선말을 몰라 대개는 더 쉬운 업무를 수행하더라도 30엔부터 시작해서 최대 75엔을 받는다'는 것입니다. 신문에서 인용한 통신원의 말에 따르면, 서울에서 멀지 않은 어떤 도시의 농업학교의 경우 일본인 교사와 조선인 교사가 있는데 도쿄에서 유학한 조선인들의 봉급이 일본인보다 훨씬 더 적다고 합니다. '교실 청소를 하거나 학교 난로 연료를 채우는 일을 하는 일본인 잡역부들은 월 40엔을 지급받는 데 비해 조선인 교사들이 받는 돈은 50엔이 채 안 된다, 이런 제도가 나라 곳곳에서 시행되고 있으며 심지어 길거리 청소부에게도 적용되어서 일본인 잡역부들은 조선인보다 두 배나 더 많이 받는다, 게다가 좀 더 수월하고 수입이 되는 일은 일본인에게 우선권이 주어진다'는 것입니다. 기사의 필자는 그런 제도가 존재하는 한은 일본의 주된 지향점이 조선인들의 동화라고 하는 것은 무의미하다고 말합니다. 나아가 필자는 정부가 제기한 조선인 동화 문제, 즉 조선인들을 우선 일본제국의 충성스럽고 훌륭한 시민으로 만들고 그다음엔 번듯한 세계 시민으로 만들겠다는 정부 정책을 논하면서 조선인에 대한 일본어 강요와 강제 학습을 신랄하게 비판하고 있습니다. 현재 조선인들은 일본이 인종 평등을 시샘하듯 변호하지만 한편으로는 조선에서 인종차별이 이루어지고 있음을 깨달았기 때문에, 당연히 일본인을 위선자라고 보며 그들의 약속과 행동은 절대로 일치하지 않을 것이라고 생각한다는 것입니다. 일본은 강화회의에서는 인종 평등 선언을 열심히 강청하면서도 자신들이 병합한 나라에서 한 일들에 대해서는 눈을 감고 있다고 기사의 필자는 덧붙입니다.

『재팬 크로니클』에는 그와 같은 기사들이 가득합니다. 조선 사태에 대해 3월부터 5월 15일까지 나온 신문기사, 인터뷰, 통신문들을 대략 계산해 보면 100건이 넘습니다. 이것들 모두 위의 내용과 같습니다.

　일본에서 발행되는 또다른 외국어 신문인 『재팬 애드버타이저』도 폭동과 관련된 조선 사태에 그 못지않은 관심을 기울이고 있습니다. 이 신문의 지면들 역시 위에 언급한 것과 유사한 제목들로 꾸며져 있습니다. 머리기사들의 어조는 좀 더 차분하며, 한반도에 문화를 보급하는 문제에서 일본의 업적을 지적하면서도 동시에 조선에서 자행되는 경찰과 헌병대의 과도한 감시와 폭력을 비난하고 있습니다. 특히 인상적인 기사들은 다음과 같습니다.

　3월 12일자의 긴 기사는 전체가 일본이 조선을 통치하면서 조선의 경제적 정신적 삶을 개선시킨 점들을 찬양하는 내용으로 가득 차 있습니다. 통치 수뇌부를 군인들이 차지한 점, 한반도 통치 초기에 너무나도 무자비한 수단이 사용된 점, [조선이] 일본과 가깝다는 점, 3등칸 승객은 저렴하게 여행할 수 있다는 점 등으로 인해 질 나쁜 일본인들이 조선으로 물밀 듯 들어왔고 바로 이것이 소요 발생의 원인이라고 신문은 말합니다. 기사는, 일본이 조선의 정치인들로 하여금 정해진 길로 과감하게 나아가게 하려면 조선인들로부터 큰 호응을 얻고 그들에게 많은 자유를 부여하는 식으로 통치 방식을 개선해야 한다는 말로 끝나고 있습니다. 조선인 애국자들의 진정한 목표는 위험한 허구적 독립이 아니라 조선 통치자들과의 협력과 궁극적인 일본 시민화라는 것입니다. 3월 21일자 신문은 조선에서 벌어진 일련의 체포와 막대한 수의 체포자를 논하면서, 현지 당국이 만세운동 주동자들의 체포 및 재판 회부 권한을 갖고 있다는 사실은 부정하지 않으나 옷을 갖춰 입고 거리 거리에서 "만세"를 외친 수천만 인민은 석방해야 한다고 주장합니다. 신문은 문화를 향상시키킨 일본의 굉장한 업적을 다시 지적하면서도, 시골 촌장을 포함해 모든 말단직까지 일본인으로 채운 데 대해서는 매우 비난하는 입장입니다. 조선인들은 최고 통치자가 누구인지는 무관심하지만, 날마다 마주치면서 그 오만불손함과 거만함을 느끼지 않을 수 없는 권력의 말단 관원들에 대해서는 그렇지 않기에, 그런 지위가 늘 종속을 의식하게 하고 모든 선행을 잊게 만들기 때문이라는 것입니다. 대중과 직접 대면하는 대부분의 말단 기관에서 그런 자리들을 조선인으로 채운다면 일본이 벌이는 일에 성공만 있을 것이며 어떤 식으로라도 해가 되지는 않을 것으로 생각한다고 신문은 말합니다.

4월 2일자 기사는 온통 조선의 만세운동이 격심해지고 있음을 상세하게 기술하면서, 조선 문제에 대한 신중한 태도를 정부에 호소하고 있습니다. 신문은 조선의 행복과 안전을 위해 병합을 유지하는 것이 반드시 필요하다고 지적하면서 일련의 우려되는 문제들을 제기하였습니다. 조선인들에게 적용하고 있는 그 엄혹한 법률들이 정말로 필요한가? 그 법들은 그로부터 야기되는 울화와 적개심을 상쇄할 정도로 이익이 되는가? 충성을 다하지 않을 경우 낡아빠진 조선처럼 일본을 약화시키고 세계를 위험에 빠뜨리는 원인이 될 게 분명한 그런 식민지를 통치하는 유일한 방식이 군사체제인가? 기사는 마무리에서, 군국주의적 흐름을 여러 차례 중단시킨 현재의 리버럴한 하라[31] 정부가 조선의 현 상황에 충분히 주목하여 만족스럽고

---

[31] 1919년 4월 20일 일본왕은 칙서를 발표하여 "현재 잘 알려진 개혁을 요구할 때"라 하였다. 일본 수상 하라 다카시는 정부가 교육, 산업 그리고 민간 생활에 나타난 조선과 일본 간의 차이를 없애겠다 하였다. 선언 내용에는 조선인과 일본인은 상호 인종적으로 결합되었기에, 이러저러한 일들이 일본 황제의 '로얄 신민'으로 정치, 사회적 차별 등으로 나타남은 참을 수 없는 일이라 하였다. См.:

충성스런 나라를 만들기 위한 조치를 취할 것이라는 희망을 피력하고 있습니다.

4월 11일자 신문에서는 일본에서 조선으로 새로운 부대와 헌병대를 보내는 것을 논하면서, 무력으로 질서를 확립할 수 있을지에 대해 과거 시기의 실패를 지적하며 의구심을 표했습니다. 한반도 통치에서 진지한 혁신이 필요하다는 생각이 이미 제기되고 있고 이 문제와 관련해 각 신문과 민정 대표들의 의견이 개진되고 있지만, 불행하게도 민간 통치는 군정에 완전히 종속되어 있어서 상호 이익과 신뢰라는 밀랍으로 일본과 결합되어야 하는 나라를 "병합하겠다는" 어리석은 시도가 이루어지고 있다고 신문은 말합니다. 이어 통치에서 개별적으로 드러난 결함들, 조선에서의 군사체제가 만들어내는 일본인과 현지인의 차별도 지적되었으며, 군정을 민정으로 바꿔야 할 필요성도 제시되었습니다. 몇몇 기사들은 일본 언론에서 그토록 자주 거론하는 조선 지배와 영국의 이집트 지배 비교를 비판하면서, 전혀 다른 성격의 두 통치체제를 비교하는 것은 근거가 없다고 지적합니다. 준법성 고취, 생산성 향상, 피지배 인민이 자치할 수 있는 방향으로의 교육 같은 일상적 과제를 추구하면서 표면적 효과가 없더라도 천천히 일을 진행하는 영국식 체제는 일본식 체제와 다르다는 겁니다.

조선 문제에 대한 일본 내 외국 언론의 태도도 그와 같습니다.

일본에서 발행되는 신문들로 대표되는 일본 여론은 현재의 사건들과 관련해 조선 인민에게도, 외국 언론과 외국인들이 보이는 흐름에도 별로 공감하지 않습니다. 대다수는 일본 행정부의 행동이 옳

История Корей /с древнейших времен до наших дней/. Том II. М., 1974. С. 56.

다고 여기면서, 조선의 반일 운동은 일본의 조선 정책에 원인이 있는 것이 아니라 1) 외부에서 들어온 민족자결주의 사상과 2) 외국인 선교사들의 선동, 그리고 조선인들의 무지몽매 때문이라고 설명합니다. 최근에야 비로소 일본의 정책 방향 변화를 용인하는 목소리들이 울리기 시작했는데, 그 목소리들은 일본 관리들과 일본 국민의 행동 변화를 요구하기도 하고(『시사통신』), 혁신을 바라기도 하고(『일일통신』), 정부가 한반도에서 민정을 실시할 것을 촉구하기도 합니다(『아사히신문』). 전반적으로 기사들의 어조는 조선인들에 대해 여전히 고압적이며, 혁신을 요구할 때도 "만일 이것이 필요하다면"이라든가 "적기라고 생각된다" 등의 표현을 동반합니다.

이곳에서 발생한 폭동으로 인해 명망 있는 일본 정치가들이 조선을 찾고 정부에 질문을 하고 저명한 일본 관리들이 출장을 왔으며 그 결과로 유명한 도쿄 내각 협의회에서 조치안을 마련하였으나, 사회는 일본 정부의 그 예상 조치들을 알지 못합니다. 다만 한반도 민정 책임자나 폭동 조사를 위해 외무부 고문으로 조선에 파견된 총무부장 같은 일본 정부의 고위직 인사들에 대한 개별 인터뷰들만이 일본 정부가 기존의 엄격한 체제를 좀 더 자유로운 체제로 전환하겠다는 결정을 받아들이는 것 같다고 지적합니다. 이 인터뷰들은 일본어 신문뿐만 아니라 외국어 신문에도 실렸습니다. 지금은 일본 정부의 조선에 대한 관심이 가장 잔혹한 조치들을 통한 만세운동 진압으로 나타났습니다.

그런 조치들 덕분에 조선의 소요사태는 일단락되었습니다. 파도치는 바다 같은 열정이 진정되고 있습니다. 현재는 시위가 일어나지 않고 있으며, 삶도 평화와 질서의 궤도에 들어서고 있습니다. 소요사태는 새로운 지역에 대한 일본의 통치가 해악임을 폭로함으로써 조선민 사이에 그들의 압제자에 대한 적의의 씨앗을 뿌렸을 뿐만 아니라 밖의 외부 관찰자들이 일본을 부정적으로 바라보게 하는 계기가 되었습니다. 이 씨앗들이 언젠가는 싹을 띄울 것입니다.

다음을 동봉하여 제출합니다. 1) 금년 3월 21일부터 5월 31일까지 장소별로 가장 치열했던 폭동들의 시간별 목록, 2) 소요가 일어난 지역들이 표시된 지도.32)

깊은 존경을 담아...

---

32) 위에 언급된 지도는 문서보관소에 보관된 류트쉬 보고서 속에서 발견되었다.

문서 No. 7[33]

1919년 3월 21일~5월 31일까지 여러 지역에서 일어난 극심한 소요에 대한 사건일지

1919년 3월 21일에서 5월 31일까지
(1919년 6월 6일 류트쉬가 보낸 보고서 No. 6 참조)

3월 21일. 경상북도 안동에서 500여 명의 한국인이 소총으로 난사하며 경찰서를 습격한 사건 발생. 이 사건은 마산포의 기독교인이 주도했음. 주동자 수 명 체포.

합천군에서 시위대가 경찰서와 우체국을 공격해 소총을 쏨. 경찰 1명 부상, 시위대 측은 수 명 사망 및 부상자 발생. 동일한 인원의 시위대가 옛 마산포에서 일어남. 제주도(Квельпарт) 섬에서는 200명 이상의 한국인이 시위, 주동자는 체포됨. 경상남도 진주에서는 500여 명의 한국인이 시위함. 강화도 인근의 교동(Киодон) 섬에서도 2,000여 명이 시위를 벌임.

3월 22일. 서울의 15개 지역에서 시위가 있었음. 이 중 몇 몇 지역에서는 경찰서를 습격, 120여 명이 체포되었으며, 400여 명이 시위에 참여하였고, 주동자들은 체포됨. 서울 인근(Сеульская провинция)

---

[33] Хронологический перечень наиболее серьезных беспорядков по месту их происшествия за период времени с 21-го марта по 31-го мая 1919 г.(Приложение к донесению Я. Лютша от 6-го июня 1919 года. No 6) / Государственный архив Российской Федерации. Фонд 200. Опсь 1, Дело 535, Листы 93-103.

의 연천(Иончон) 시위대가 면사무소를 공격, 헌병 1명 부상. 경상도 거창(Кочан)에서 대규모 인원이 참여한 시위가 발생하였고, 헌병이 사격하여 시위대 중 1명이 사망함. 안동 군내에서는 대규모 시위대에 발포하여 사망 및 부상자 발생. 전라북도의 남원 군내에서 대규모 시위가 발생하여 일본군이 투입됨. 함경남도 홍원(Хонвон)에서 2,000명 규모의 시위 발생, 경찰력이 지원을 위해 파견되었고, 경찰이 총격을 가함. 시위대는 매우 격렬하게 시위를 함. 한국인 1명이 죽고 5명이 부상당함.

　3월 23일. 경부선 철도 노선의 조치원역 부근. 2,000여 명의 한국인들이 시위함. 강원도 화천군에서는 경찰을 지원하기 위해 헌병이 출동. 강원도 화천군에서 60여 명의 한국인이 천도교도의 주도로 시위를 시도, 주동자 체포. 황해도 연백(Ионбэк)군에서 종교학교 학생들이 참여하는 시위가 발생, 2명이 체포됨. 충청도 청주군에서 3,000여 명의 한국인이 시위를 함. 경상남도 산청군에서 1,000여 명의 한국인이 매우 격렬한 시위를 하였고, 군인들이 군중을 향해 총을 쏘았으며, 시위대의 많은 사람들이 죽고 부상당함. 합천에서 한국인 군중들이 면 사무소 습격하여 면사무소가 불탔으며, 50명 규모의 군인이 파견됨. 전라도 금산(Кымсан)군에서는 2,000여 명 규모의 시위가 발생하였고, 헌병대가 이들을 평화적 수단으로 진정시켰으나, 저녁에 시위가 재차 발생하였으며, 양상은 격렬했고 헌병대는 총격을 가함. 20여 명이 체포됨(이 시위에서는 면서기도 유인물 거리 배포에 참여함).

　3월 24일. 함경도 풍산(Пхунсан)에서 학생들과 지역민들이 시위를 하였으나, 해산함. 상주군에서는 몇몇 학생들의 주도로 시위를 하였으나, 헌병에 의해 체포되었고, 체포 후 다시 400여 명 시위대가 모인 자리에서 한국 독립에 대한 연설이 있었음. 10여 명이 체포됨. 그리고 20여 명의 한국인이 경상북도 김천군에서 시위를 하였으며, 주동자 2명은 체포. 영양(Ион-ян)군에서 400여 명의 한국인들이 면사무소를 공격하고 즉시 해산됨.

3월 25일. 용안군에서 200여 명의 한국인들이 시위를 하였으며 154명 이상이 체포됨. 함경북도 회령군에서 미션계학교 학생이 참여하는 시위 발생, 주동자 체포.

3월 26일. 회령군에서 기독교학교와 관립학교 학생이 참여한 500여 명 규모의 시위가 재차 발생하였고, 시위대는 일본 군인과 헌병에 의해 해산되었으며 12명이 체포됨. 안동군에서 3,000여 명의 한국인이 관공서 습격을 시도하였으나, 주둔 일본군과 헌병에 의해 유혈진압됨. 13명 사망, 3명 부상. 같은 날 수원군에서 200여 명의 한국인이 시위를 함. 경찰과 충돌, 10여 명 체포. 서울에서는 30곳보다 훨씬 더 많은 곳에서 시위가 있었고, 파출소와 전차가 파괴되었으며, 20여 명이 체포됨. 서울 변두리 지역에서는(서울에서 동쪽으로 5베르스타 떨어진 한강변 뚝섬까지) 시위 도중 3명의 일본 헌병과 소방대원이 부상을, 시위대에서는 많은 사람이 죽거나 중상을 당함. 서울 인근(Сеулская провинция)의 고양군 일산역에서 500여 명의 한국인들이 면사무소를 습격하였고, 주동자 수명이 체포됨. 서울에서부터 동쪽으로 20여 베르스타(1베르스타=1.066km) 떨어진 송파 지역에서는 약 300명의 한국인들이 면사무소와 헌병대를 습격함. 경원선(Сеул-Гензан)철도의 동두천역에서 대규모 시위가 발생. 서울의 파주군에서 500여 명의 한국인들이 시위를 했으나, 지역 경찰에 의해 곧바로 해산됨. 은율(Ын-юль)군에서 한국 농민들이 참여한 대규모 시위가 발생하였으나, 곧바로 해산됨. 광주시에서 한국 상인들이 상점을 닫았음. 경찰이 출동하면서 시위로 이어지지는 않음.

3월 27일. 서울에서 시위가 계속되었으며, 군중이 경찰 초소를 공격하였으며, 전차에 돌을 던짐. 동대문 너머 안암동에서 대규모 시위가 발생, 충돌 과정에서 수명의 중상자가 발생하고 20여 명이 체포됨. 도시는 전시상태가 선포됨. 경부선의 대전(Тэчхон)역에서 대규모 군중이 시위를 하였으며 5명의 주동자가 체포되었고 경찰은 시위대에 강경하게 대응함. 헌병이 지원 출동하였으며 군중은 해산되었음. 20여 명의 주동자가 체포됨. 100여 명의 직산 광산 노동자들이 헌병 초소를 습격하여 심각한 상황이 됨. 결과적으로 헌병과 군인들이 총격을 가함. 5명이 죽고 주동자들이 체포됨. 2,000여 명의 한국인들이 러시아와 일본의 영사관이 위치한 간도 국자가(Кукчага)에서 시위를 계획하였으나, 지역 중국군대와 경찰 당국의 강력한 조치로 시위로 이어지지는 않음. 중국 중앙 정부는 한국인들의 시위에 엄정한 진압조치 명령을 내림. 시의 여러 지역에 200여 명의 중국 군인이 배치됨.

3월 28일. 수원의 사강리(Саканли) 군내에 약 600명의 한국인들이 시위. 6명의 경찰과 2명의 군인이 출동하였고, 경찰과의 충돌 과정에서 1명의 경찰이 사망, 시위대 측은 중상자 1명 발생, 3명의 한국인 체포. 마산포 부근 동연(Тонъён) 군내에서 30명이 참여하는 시위 발생, 4명이 체포됨. 조치원(Чхочхён)역 부근에서 군중이 저녁에 횃불을 들고 산에서 만세를 외침. 군중은 경찰에 의해 해산되었으며, 7명이 체포됨. 이 기차역에서는 매일 긴장이 감지되었고, 그 결과 강력한 대책이 마련됨. 그리고 진남포 항구에서 한국 상인들이 자신의 상점을 닫았음. 의주 부근의 섬 방적도(Банчокто)에서 500여 명의 한국인들이 혼란을 야기함. 진압을 위해 헌병과 군인들이 출동함. 의주에서는 1,000여 명 규모의 시위가 일어났음. 일본 헌병과 군인들에 의해 진압되었으며, 16명의 한국인이 체포되었고, 상인들은 파업을 함. 평양에서는 대규모 시위가 예상되었음. 한국인들 사이에 파리강화회의에서 한국 독립의 긍정적 의미에 대한 문제를 논의한다는 소문이 있었음. 석판 등사한 불법 전단이 발행되었음. 한국인 상인 모두 상점을 닫았고, 몇 몇은 가족을 데리고 도시에서 시골로 떠남. 군대와 경찰력으로 강력한 대책이 마련될 수 있었음.

3월 29일. 수원의 군내에서 대규모 한국인 남녀노소가 참여한 군중 시위가 발생, 횃불 행렬이 이어졌고, 일부는 저녁에 해산됨, 나머지는 동틀 때까지 시위를 이어감. 시내의 한국 상점들은 모두 닫았음. 서울 근교의 용인 군내에서 50여 명의 시위대가 만세를 외쳤으나, 일본 헌병대에 의해 평화적으로 진정, 한국인 5명 부상. 양주군에서 500여 명의 한국인이 시위하였으나, 해산되었고 수 명의 주동자가 체포됨. 수원 부근 오산역에서 약 800명의 시위대가 만세를 외쳤으나 해산되었고, 대표자들이 체포됨. 약 200명의 한국인들이 충청도 서천(Сочон)군에서 경찰 초소 습격하여 총격을 가함. 충남 천안군에서 대규모 군중이 무질서를 유발, 그러나 군에 의해 진정되었고, 주동자는 체포. 충북 괴산(Квесан)군에서 대규모 군중이 시위를 하였으며, 경찰이 부상당함. 장날을 맞은 영동(Ёндон)군에서 선언문을 소지한 학생 1명 체포, 저녁에 300여 명의 한인이 학생의 석방을 요구하며 경찰 초소를 습격하였고, 군중은 다른 군에서 지원 출동한 경찰에 의해 해산됨. 황해도 재령(Чэрён)군에서 300여 명의 한국 농민들과 학생들이 시위를 하였으나 군대의 진압으로 도주함. 강원도 김선(Кимсон)군에서 약 500명의 한국인들이 헌병 초소를 습격하였으나, 헌병의 총격으로 수 명이 죽고 부상당함. 부산 부근 구포에서 대규모 시위가 발생해 경찰 초소를 습격하였으나, 경찰들이 총격을 가해 시위대 중 수명이 부상당하고 시위 대표자들이 체포됨. 안성(Ансон)군에서 한국인들이 시위함.

3월 30일. 조치원역에서 2,000여 명의 한국인들이 시위. 일본군과 경찰의 강력한 대응에도 불구하고 시위 진압에 어려움. 4명의 주동자가 체포됨. 서울 인근 시흥(Сихын)에서 대규모 시위가 발생했으나 해산됨. 양주에서 한국인들에 의해 돌을 던지는 무질서가 발생, 시위대 중 2명 사망. 포천군에서 1,000여 명의 한국인들이 경찰서를 습격하여 3명 사망, 수명 부상, 3명의 주동자 체포됨. 용인군에서 600여 명의 한국인들이 면사무소 습격함. 진위(Чжинви) 군내에서 면사무소를 습격하였고, 진압을 위해 군대가 차로 출동. 수원 부근 병점역에서 대규모 군중이 산에 모임. 15명의 군인이 출동함. 30일 충청도 천안군에서 대규모 한국인 군중이 헌병 초소와 우체국 습격, 시위대에서 5~6명 사상자 발생. 영동군에서 약 200명의 한국인들이 경찰 초소를 습격함. 충북 청주(Чхонджу)군에서 1,000여 명의 한국인들이 헌병 초소를 습격함. 시위대 중 1명이 사망하고 수명이 부상당함. 괴산(Квисан)군에서 군중들이 경찰초소와 우체국을 습격함, 한국인 5명 사망 2명 부상. 김해(Кимхэ)군에서 약 70명의 한국인들이 시위를 했으며, 수 명의 한국인들이 체포되었음. 대구에서는 10명의 한국인 승려가 태극기를 들고 만세를 외치고 모두 체포됨. 평안남도 강동군에서 400여 명의 천도교도가 시위를 벌였으나 모두 해산됨.

3월 31일. 평안북도 정주(Чонджу)군에서 3,000여 명의 한국인들이 시위를 하였고, 진압 과정에서 30여 명의 사상자가 발생함. 수원에서 약 1,000명의 한국인들이 시위를 함. 이들은 군대에 의해 해산되었으며, 3명의 중상자 발생. 수원군 고촌리(Кочонли) 지역에서 대규모 인파가 경찰초소 습격, 진압을 위해 군인이 출동하여 41명이 체포됨. 또한 고촌리 내의 발안장(Паль-анчжан)에서 1,000여 명의 한국인들이 봉기에 참여하여 3명이 죽고 5명이 체포됨. 이천(Ричхон)에서 많은 천도교도가 포함된 약 250명의 한국인들이 시위를 벌임. 주동자는 체포되고 수명의 사상자 발생. 그중 1명 사망 1명 중상. 충남 아산에서 대규모 인파가 시내에서 야간에 횃불을 들고 만세를 외침. 이 시위는 4월 1일까지 지속되었음. 이 시위는 온양, 신창, 둔포 등의 지역에서 온 한국인들이 합세한 것임. 군인들이 출동하여 12명 체포함. 대전에서는 약 200명의 한국인들이 시위를 벌여 돌을 관공서와 교도소에 던짐. 수명이 체포된 후 인파는 자진 해산함. 처음에는 약 50명의 소년들이 만세를 외치면서 시위가 시작되었으나, 수 시간 후 800명의 한국인이 모인 큰 인파가 됨. 경찰에 의해 해산되고 10여 명의 아이들이 체포됨. 이 날 다시 1,000여 명의 한국인들이 시위를 하였으며, 6~7명의 주동자가 일본 경찰에 의해 체포된 후 시위대는 해산되었음. 이날 또 다시 100여 명의 소년들이 모여 만세를 외침. 경찰부대가 진압을 위해 출동하여 6명을 체포함. 의주에서 대규모 인파가 시위를 하였음. 이 시위는 매우 격렬하게 진행되었고, 군인들이 인파를 향해 총격을 가해 시위대 중 3명이 부상당함. 평북 구성(Кусон)에서 대규모 인파가 심각한 무질서를 야기함. 헌병대가 총격을 가해 사망과 중상자가 10여 명 발생하고 인파는 해산됨.

 4월 1일. 수원에서 봉기가 관측됨. 경부선 평택역에서 멀지 않은 여러 지역에서 한국인들이 횃불 시위를 하였고, 군인과 경찰이 출동하여 4명 사망, 중상자 1명, 경상자 최소 10명 발생. 이날 진위(Чинви)

에서 엄청난 인파가 평택역으로 향하여 안성에서 발생한 시위에 합류하려 함. 이를 알게 된 많은 한국인들이 이 행렬에 참여함. 저녁에 일본 상인들 조차 상점 문을 닫았음. 이전에는 약 500명의 한국인들이 면사무소를 습격하려 해 무장 헌병들이 경찰을 지원하기 위해 출동함. 강화도에서는 오후 8시에 대규모 인파가 시내에 모여 횃불 행진을 벌임. 이때 상리포(Санлипо)에 200여 명의 한국인이 시위를 벌임. 공주에서는 10명의 한국인들이 시장에서 선언문을 뿌리며 만세를 외침. 군인과 경찰에 의해 6명이 체포되고 학생 1명이 중상을 입음. 한국인 상점은 문을 닫음. 공주군 광천시(Куанджонси)에서 500여 명의 한국인들이 건물 등을 부수며 매우 심각한 혼란을 야기함. 공주에서 경찰력이 자동차로 출동함. 해주에서 한국 기생(кисен)들이 중앙대로에서 연설하며 시위하였으나, 4명의 소녀(기생 – 역자 주)들과 시위자 1명이 체포됨. 한국인 상점들은 문을 닫았고, 지역 권력은 강력히 대처함. 경남 밀양에서 약 40명의 학생들이 만세를 외침. 경찰들이 10여 명을 체포하면서 해산됨. 의주에서 정오에 약 5,000명의 한국인들이 시위를 벌였고 중상자 6~7명, 경상자 20명 발생. 중국에 사는 2명의 한국인 여성이 체포됨. 경남 고성에서 200여 명의 한국인들이 만세를 외침. 그러나 헌병에 의해 해산되었고, 7명이 체포됨. 황해도 평산에서 200여 명의 한국인들이 헌병대를 습격하며 시위를 하였으나, 헌병대의 총격으로 3명이 사망함. 장단(Чантан)에서는 대규모 인파가 면사무소를 습격하며 시위를 벌였으나 경찰에 의해 해산됨.

4월 2일. 경북 선산에서 농민이 참여한 250여 명의 한국인들이 경찰 초소를 습격하였으나, 경찰이 총을 발사하여 인파가 해산됨. 경찰과 헌병대가 지원을 위해 여러 지역에서 출동함. 이천(Личон)에서 2,000여 명의 인파가 시내에 모여 군사무소 습격을 시도하였으나 지역 권력의 강력한 대응으로 군대에 의해 해산됨. 송도(Сондо)에서 70여 명의 한국인들이 시위를 벌여 주모자 10명이 체포됨. 공주에서 600여 명의 한국인들이 오후 1시에 산발적으로 만세를 외쳤고, 공주의 정안(Чонан)에서는 여러 지역에서 온 약 800명의 한국인들이 경찰 초소를 공격하여 6명이 부상을 입고 해산됨. 공주군의 단기면(Танкимьон)에서는 한국인들이 산에 모여 독립을 외침. 그러나 경찰과 군인들이 출동해 30여 명이 체포됨. 연기(Ёнги)에서는 200여 명이 훨씬 넘은 한국인들이 시장에 모여 혼란을 야기했으나 수명의 지도자들이 체포된 후 인파는 해산됨. 충북 진천에서는 대규모 인파가 헌병 초소를 습격하여 1명이 죽고 1명이 부상을 입음. 부산 부근 울산에서는 대규모 인파가 경찰 초소를 습격, 경찰의 발사와 지도자 체포 후 해산됨. 경남 함양에서는 한국인 인파가 헌병 초소를 습격했으나 헌병의 발사로 4명이 죽고 수명이 부상을 당함. 김해에서는 소요가 목격되었으며, 봉기 진압을 위해 일본 헌병과 경찰, 그리고 일본 상인 중 지원자들이 동원되어 2명이 중상을 입는 등 많은 사람들이 체포됨. 이 외 다른 2곳에서도 시위가 발생하였는데, 경북 성주(Сончжу)에서는 한국인 인파가 경찰 초소를 습격하였으나, 경찰의 발사로 수명의 시위자들이 부상을 입었고, 의주에서는 한국인들이 재차 혼란을 야기해 군인들이 총격을 가해 해산시킴. 2명이 죽고 수명이 부상을 입음. 강원도 홍천에서 한국인 인파가 면사무소를 습격해 2명이 사망하고 수명이 부상을 당함. 인파는 해산됨. 충남 아산에서는 한국인 인파가 산에 모여 만세를 외침. 아산 신창리에서 100여 명의 한국인들이 공립학교를 공격해 유리창을 깨고 헌병 초소로 향했으나, 헌병에 의해 해산됨.

4월 3일. 경남 청도에서 80여 명의 한국인들이 일본 상점을 공격, 주동자 10명이 체포된 후 해산. 황해도 해주에서 약 5,000명의 한국인들이 만세 운동을 벌임. 경찰들이 주동자를 체포하기 시작했을 때 군중들은 경찰 초소를 공격함. 이때 경찰은 어쩔 수 없이 체포한 한국인들을 석방하였으나, 타 지역에서 경찰과 군인들이 도착하면서 70명의 시위자들이 재차 체포됨. 양평(Янпхён)에서는 한국인 인파들이 혼란을 야기하였으나 군대에 의해 해산됨. 이 사건으로 3명 사망, 4명 부상 당함. 충북 괴산에서는 한국인들이 시위를 벌여 경찰 초소를 습격하였으나, 경찰력에 의해 4명이 체포됨. 창원(Чханвон)에서는 약 200명의 한국인들이 시위를 벌였으며, 이에 2,000여 명의 시위자가 동참하였으나, 헌병들이 총을 발사하여 해산시킴. 7명 사망, 중경상 20여 명, 수 명의 지도자 체포됨. **창녕에서 한국인 인파가 헌병 초소에 투석하며 시위를 벌였으며, 헌병이 총기를 발사하여 한국인 사상자가 발생함.** 부산에서 기독교인이 포함된 약 100명의 한국인들이 시위를 벌였으며 주동자는 체포됨. 부산진에서 200여 명의 한국인들이 봉기하였음. 경찰들이 5명의 주동자를 체포하고 시위대를 해산시킴. 강원도 홍천에서는 대규모 인파가 혼란을 야기함. 경찰의 발포로 수명의 사상자 발생. 황해도 김천(현재 황해남도 봉천군 – 역자)에서는 한국인들이 헌병 초소를 습격하였으며 헌병대의 발포로 수명이 부상당하고 해산됨. 평산(Пхёнсан)에서는 한국인 무리들이 헌병 초소를 습격함. 3명 사망, 1명 부상당함. 인파는 해산됨. 경북 예천(Ечон)에서는 150여 명의 한국인들이 봉기하였으나 출동한 경찰과 헌병에 의해 15명이 체포됨.

4월 4일. 호남선 이리 역에서 200여 명의 한국인들이 대한독립만세를 외치며 시위함. 일본 군인들이 발포하여 시위자 수명의 사상자 발생함. 일본 상인들의 참여와 일본군 예비부대에 의해 인파는 해산되었고, 수명의 지도자가 체포됨. 충남 홍성에서 한국인들이 혼란을 야기하여 2명이 사망함. 경부선 부강(Буган)역 인근의 연기에서 수백 명의 한국인들이 매일 밤 산에서 횃불 시위를 벌임. 의주에서는 약 300명의 한국인들이 소요를 야기하여 4명이 죽고 5명이 부상당함. 전남 남원에서는 200여 명의 한국인들이 시위를 벌임. 20여 명의 사상자가 발생함. 옥천에서는 3,000여 명의 한국인들이 시위를 벌여 경찰 초소를 습격하고 불태웠으나, 경찰의 발포로 폭동을 일으킨 40여 명이 죽거나 다침. 시위대는 해산됨. 황해도 소흥(Сохын)에서 농민이 포함된 150명의 한국인들이 시위를 하고 경찰 초소를 습격함. 시위대 측에서 중상자 4명이 발생하고 4명의 주동자가 체포됨. 울산에서 한국인 인파가 시위를 벌여 경찰 초소를 습격하고 경찰이 발포를 하면서 8명의 사상자가 발생함. 남원에서는 2,000여 명의 한국인들이 시위를 하고 7명 사망, 10여 명이 부상당한 후 해산됨. 강원도 양양에서는 2,000명의 한국인들이 시위를 하였고, 이들에 총격을 가해 3명이 사망, 중상자 다수, 그리고 20명이 체포됨. 철원에서는 700명의 한국인들이 면사무소 습격하였으나 이들을 향해 총격을 가함. 시위대는 해산됨. 충남 서산에서 300명의 한국인들이 시위를 벌였으나, 총격으로 1명 사망함. 충남 서산군의 천의장(Чон-ыйчжан)에서 1,000명의 한국인들이 시위. 면사무소와 경찰 초소를 습격해 창문 등을 부숨. 당진에서 경찰력이 지원 출동해 2명을 체포함.

4월 5일. 척산(Чуксан)에서 혼란이 관찰되었고, 진압 과정에서 10여 명의 사상자가 발생함. 용천(Ёнчхон)에서 600명의 한국인들이 혼란을 야기했으며 인파들은 군사력에 의해 해산됨. 이 과정에서 1명 사망, 3명 부상. 여주에서는 한국인들이 시위를 기도하였으나, 지방권력의 엄중한 대응으로 실패함. 충청도 예산(Ресан)에서는 대규모 인파가 혼란을 야기하였으며, 군대가 동원되었고, 2명의 시위자가 사망함. 청양에서는 700명의 한국인들이 시위를 벌였으나, 2명 사망, 2명 부상. 평북 운산에서는 500명의 한국인들이 시위를 벌였으며, 수명이 죽고 8명이 부상을 당함. 충북 음성에서는 공개적으로 시위를 조직하려하기도 함. 경남 김해에서는 장날에 인파들이 경찰 초소를 습격함. 헌병대에 의해 2명의 한국인과 3명의 일본인이 부상당함. 황해도 장연(Чжан-ион)에서는 인파가 경찰조소를 습격하였으나 해산됨. 그 결과 150명이 체포됨. 충남 당진군의 고치시(Кыджиси) 마을에서 200명의 한국인들이 만세를 외침. 경찰에 의해 주동자 4명과 여성1명이 체포됨. 그 이외에 당진군의 많은 지역에서 밤마다 횃불 시위가 일어남.

4월 6일. 충남 청양에서 인파가 시위를 벌였고, 경찰은 총격을 가함. 6명이 사망하고 수 명이 부상당함. 청양군 운곡 마을에서 약 600명의 한국인들이 시위를 벌였음. 경남 하동에서 대규모 인파가 시위를 벌여 공공기관을 습격함. 중상자 수명이 발생함. 하동군의 진교(Чжин-кё) 마을에서 시위가 발생, 3명 사망, 5명 부상당함. 남해에서 인파가 시위를 벌여 경찰 초소를 습격함. 수명이 부상당함. 강원도 통천(Тончон)에서 300명의 한국인들이 시위를 벌여 경찰서, 우체국 그리고 면사무소를 습격함. 시위대 2명 부상당함. 황해도 안악(Анак)에서 한국인들이 만세를 외쳤으나 해산됨. 경북 김천에서 30명의 한국인들이 시위를 기획함. 평북 창성에서 300명의 한국인들이 헌병 초소를 습격함. 6명 사망, 수명 부상. 경기도 이천에서 한국인들이 시위를 기획함. 송도(Сондо)에서 기독교인이 포함된 한국인이 시위를 함. 수명 부상당함. 평북 창성에서 700명의 한국인들이 시위를 함. 3명 사망 3명 중상.

4월 7일. 경기도 양평에서 200명의 한국인이 시위를 벌여 수명의 사상자가 발생함. 홍천에서 대규모 인파가 면사무소 습격함. 황해도 재령(чжэрион)에서 한국인 인파가 시위를 벌임. 수 명의 사상자 발생. 신천에서 약 400명의 한국인이 봉기를 함. 많은 중상자 발생함. 강원도 통천군 고저리 마을에서 200명의 한국인들이 시위를 벌임. 총기가 발포되어 수명이 부상당함. 목포에서 독립선언문과 신문 『독립』이 살포됨. 모든 상점은 닫혔고 4월 8일에 한국 학생들이 포함된 인파가 시위를 벌였고, 4명의 소녀가 체포됨. 9일에는 주동자가 참여하는 인파가 시위를 주도하였고, 시위는 경찰과 군인들에 의해 해산되었음. 지도자 4명이 체포되었으며, 모든 상점은 닫았음. 여주에서 200명의 한국인들이 시위를 하였고 발포로 인해 3명이 사망함. 밀양군의 태룡강(Тэрионкан) 마을에서 약 3,000명의 한국인들이 시위를 함. 헌병 초소를 습격하였고, 헌병대에 의해 발포되어 많은 사상자가 발생하였으며 일본 헌병 수 명도 부상을 입음. 전남 함평군 문창리(Мунчжанли) 마을에서 100여 명의 한국인들이 시위를 벌임.

4월 8일. 목포에서 기독교학교 학생들이 시위를 하였으나, 모두 체포됨. 옥천(Окчон) 하동리 마을에서 한국인들이 야간에 산에서 만세를 외치며 횃불 시위를 함. 경찰들이 출동함. 부산에서 한국인들의 봉기가 여러 번 있었고 일본 경찰의 강력한 대책에도 불구하고 참여한 지도자의 지도하에 희생자 없이 시위를 함. 인파는 해산되었고, 5명의 지도자는 체포됨. 평북 강계에서 800명의 한국인 시위로 3명 사망, 3명 부상당함. 목포의 기독교계학교에서 40명이 참여하는 시위가 발생하여 수명의 주동자가 체포됨. 서흥(Сохын)군의 녹안 마을에서 봉기가 발생하여 발포가 있었고 5명이 사망함. 강화도의 연천리(Рэнчхонли)에서 한국인 인파가 시위를 함. 총격이 있었으며 2명이 부상당함. 대규모 기독교인이 참여한 송화(Сон-хуа)군의 수교(Сукио)에서 대규모 인파가 헌병 초소를 습격함. 총격이 있었으며, 수명의 부상자가 발생함. 안악군 동창리(Тончан)에서 약 350명의 한국인들이 헌병 초소를 습격하고 발포가 있었으며, 수명의 시위자들이 부상을 당함. 함경남도 홍원(Хонвон)군의 포천에서 200여 명의 한국 학생들이 시위를 함. 인파는 지역 경찰에 의해 해산되었고, 수명의 주동자는 체포됨.

4월 9일. 경북 상주군 중벌리(чунбори) 지역에서 100명의 한국인들이 시위를 하였고 헌병에 의해 15명 체포됨. 전남 보성군 벌교(Полькё)에서 10명의 한국인들이 시위를 함. 모든 상점이 문을 닫았고, 지역 군경부대는 강력한 조치를 취함.

4월 10일. 경북 문경군 산양(Сан-ян)에서 봉기가 예상되자 상점들이 문을 닫았고, 수명의 주동자들이 체포됨.

4월 11일. 50명의 한국인들이 여주에서 연행자들의 석방을 요구하며 시위를 함. 경찰이 발포하여 1명 사망 1명 부상.

4월 12일. 황해도 평산군 삼악동(Самактон)에서 50명의 한국인들이 헌병 초소를 습격하였으나 헌병의 발포로 1명 사망 2명 부상당함. 김해군의 무계리(Мукери)에서 한국인 인파가 헌병초소를 습격함. 3명 사망, 다수가 부상당함. 헌병을 돕던 일본인과 한국인이 각각 1명씩 부상.

4월 13일. 순천에서 150명의 한국인들이 시위함. 경찰이 총격을 가해 시위자 중 4명이 부상. 울진군 홍부장(Хонбучжан)에서 50명의 한국인들이 시위를 기도함. 헌병에 의해 주동자 2명 체포되고 그 다음날 다시 인파가 모여 만세를 부름. 10여 명의 사람들이 체포됨. 경남 사천에서 36명의 한국 광부들이 만세를 외치고 주동자는 체포되었으며 부상자는 5~6명임.

4월 15일. 장단(Чантан)에서 50명의 한국인이 산에서 만세를 외침. 강화도의 3개 지역에서 농민들이 산에 모여 만세를 외침. 수원군 사강리에서는 1명의 일본 경찰이 살해된 후 지금까지 조용할 날이 없었음. 경찰과 군인이 사강리로 출동하여 70명 이상의 한국인을 체포함. 수원의 제암리(Чеамли) 지역에서 기독교인들이 시위를 함. 경찰과 군인들이 출동하였고 시위대에서 사상자가 20여 명에 이르고 가옥이 10채 불에 탐.

4월 16일. 강계에서 시위가 예상되어 만포진(Манподжин)에서 40명의 군인과 수 명의 헌병이 출동함.

4월 17일. 한국인 인파가 제천에 있는 경찰 초소를 습격하였고 봉기 중에 1명이 사망하고 2명이 부상당함. 연천(Ёнчхон)에서 5명의 한국인이 체포됨.

4월 18일. 졸포(Чольпо)에서 20여 명이 참여한 시위가 발생함.

4월 19일. 제천에서 50명의 한국인이 교장의 참여를 강요하면서 시위를 함. 주동자들은 체포됨.

4월 22일. 서울에서 시위가 관측됨. 예외 없는 강력한 대책으로 봉기를 진압.

4월 23일. 서울에서의 시위가 반복되었으며 육군소속 부대의 도움을 요청하였으며, 모든 한국인 호텔을 검색함.

4월 29일. 마산포에서 시위가 발생. 주동자들 체포됨.

5월 1일. 미국인 여행객들이 도착할 경우에 서울에서 시위가 예상되었음. 경비 강화로 시위가 발생하지는 않음.

5월 7일. 서울은 조용하지 않았음.

5월 14일. 원산(Гензан) 부근에서 혼란이 발생하였으나 주동자 체포됨.

5월 15일. 지하 출판물 및 선언문을 유포하려는 시도가 감지됨.

5월 20일. 48명의 천도교들이 서울에서 체포됨.

5월 23일. 서울에서 24명의 참여자들이 체포됨. 지하 등사판 압수됨.

5월 25일. 서울의 형무소에서 만세를 외친 이유로 3,000여 명이 체포됨.

5월 31일. 서울의 대로 중 하나에서 도시에서 소요를 일으킨 연해주 출신 6명의 한국인들을 체포함.

결론

문서 No. 8[34]

서울 주재 러시아 총영사 류트쉬가 도쿄 주재 러시아 대사 크루펜스키 V. N.에게 보낸 보고서

1919년 9월 15일. 서울. No. 8.

친애하는 바실리 니콜라예비치 백작께

제가 이번 9월 2일자로 보낸 전문에 더하여 귀하께 조선총독으로 임명된 백작 사이토 제독과 그의 최측근 시종 미주노(д-ра Р. Миздуно)에 대해 상세하게 보고드리겠습니다.

총독이 도착할 예정 시간에 일본 측 공직자와 영사관원들 그리고 많은 조선 측 인사들이 기다리는 역으로 특별열차가 다가섰습니다. 열차에서 내린 사이토 백작은 제독복장을 입고 있었고 수석 시종 미주노와 여러 명의 수행원을 대동하였습니다. 자신을 만나고자 기다린 조선인 귀족을 지나친 그는 가장 고귀한 자리로 안내되었습니다. 사이토 총독과 그 뒤로 아내와 개인 부관이 뒤따라 이동해 출구 쪽에 마련된 차량에 올라탔습니다.

차량은 제 때 떠나지 못했습니다. 많은 사람들이 예포로 받아들

---

[34] Донесение российских генерального консула в Сеуле Я. Я. Лютша Российскому послу в Токио В. Н. Крепенскому. Сеул, 15 сентября 1919 года /Архив внешней политики Российской империи, Фонд. Консульство в Сеуле, Оп. 766. Д. 365. Л. 1-7.

인 강력한 폭발음이 여러 차례 울려 퍼졌기 때문입니다. 미즈노가 탈 차량(экипаж)에 배치된 말이 뒷발로 서며 높이 솟아올랐고 부상자들의 고통소리가 울려 퍼져 모두 놀랐습니다. 그 소음소리가 마치 폭탄 터진 듯 했습니다. 총독은 아마도 피해를 입지 않고 지체하지도 않은 채 사전에 예정된 거리를 따라 귀가할 수 있었습니다.

폭탄은 사이토 총독이 탄 차량에서 열 발짝 뒤에 떨어진 곳에서 터졌으며 그중 한 파편이 총독과 그의 아내 차량 사이에 떨어졌습니다. 총독 목도리에 몇 개의 구멍을 낸 정도였고 큰 피해를 입히진 않았습니다. 총독이 떠난 지 얼마 되지 않아서야 민정국장은 귀가할 수 있었습니다.

수많은 경찰이 역사와 사이토 총독의 이동로를 따라 탐문을 벌였으며 곧바로 급작스레 벌어진 사건에 대한 조사를 할 수 있었습니다. 부상자들에게는 도움을 제공하였습니다. 당시 암살사건 책임자가 곧 발견되지는 않았습니다. 다만 몇 사람이 현장에서 모습을 드러냈는데 50대 나이든 한국인도 있었습니다. 한국인은 암살 사건에 가담한 의심을 받아 체포되었으며 조사를 받기 위해 경찰청에 인계되었습니다.

그 시간 귀가한 사이토 총독은 곧바로 측근을 통해 폭탄 폭발로 상처입은 부상자들의 건강상태를 문의하였습니다. 공식자료에 따르면, 약 30여 명이 부상을 당했는데, 대부분 경상자들로서 이미 회복 단계에 있었습니다. 중상을 입은 자들은 무라타(Мурата) 경감에게 맡겨져 바로 그날 정부 병원에 입원하였습니다. 미국 여성 한 명이 경상을 입었으나 곧 회복되었습니다. 며칠 지나 상처를 입은 서울 주재 총독부 관리 마타지로 쑤에나가(Тататджиро Суенага)이 사망하여 총독부 최고 관리의 참석 아래 경의롭게 묻혔습니다. 한국인 한

명이 부상을 입었는데 성이 이씨인 그는 역 근처로부터 비스듬히 위치한 미국 병원으로 옮겨졌습니다. 이 한국인은 경찰의 의심을 받아 일본 지역 병원으로 옮겨졌으며 응급치료를 받은 후 곧바로 체포되었습니다.

    이제 막 부임한 사이토 조선 총독를 암살하려는 사건이 터진 원인을 보면, 그는 직무를 시작하면서 최고의 존경심을 천왕에게 맹세하면서 한국인을 건강한 일본 시민으로 인정하며 전혀 일본인과 차별을 두지 않고 결정하겠다고 선언하였으며 일련의 민주개혁을 약속했기에, 제 생각에는 암살 미수사건이 개인적 성격을 지닌 사건이 아니라고 봅니다. 사이토 총독은 한국에 전혀 알려지지 않은 인물이며, 그에 관해 모든 자료는 친한 성격의 사료(коеефильские источники)들로 신임 총독에 호의적인 내용을 담고 있습니다. 암살미수 사건의 원인은 다른 데 있다고 봅니다. 금년 3월에 시작되어 8월에 잦아진 소요는 완전히 중단되었다고 간주할 수 없습니다. 불만족함이 완전히 드러난 것이 아니며 여전히 지속되고 있고 어떠한 편리한 계기가 보다 더 고조된 단계로 급작스레 타오를 수 있다고 봅니다.

    여기에 일본 통치에 불만인 집단이 존재하며 한인 망명집단, 가장 크게는 미국 내 망명집단과 연계되어 있다고 봅니다. 신문 정보에 따르면 미국 망명집단은 '한국문제'를 타국 통치 하에 있는 소수민족의 참여 속에 동시에 해결해야 한다고 주장해 왔습니다. 한국인 애국지사들은 한국을 아일랜드 상황과 비교하고 있습니다. 아일랜드 망명가들은 한인 민족주의자들에 유럽과 미국에 유력 인사들에게 한국 '해방'이 완전히 이룩될 때가 되었으며 그것은 의심할 여지 없이 이민족 통치를 벌써 10년 이상 당한 민족에게 합당하다는 것입니다.

파리강화회의에서 오간 회담내용을 접한 한국인들은 자유를 희구하는 '약소'민족의 자결권에 귀 기울였습니다. 그 같은 운동이 출현했다는 첫 번째 소식을 접한 일본인 자유주의 집단(круги)은 이를 통보하면서 질서가 회복된 한반도에서 은혜로운 개혁을 도입할 적기라고 설득하기 시작하였습니다. 개혁의 성격은 언론 쪽에서 공식적으로 혹은 개별적으로 모든 세부사항까지도 논의했으며, 물론 그 중 제일 먼저 사상과 집회 등 (자유)의 다양성이 논제로 올라갔습니다.

개혁을 열거해 볼 때 결코 마지막 자리가 아닌 맨 먼저 조치로서 한인이 제국신민으로서 완전한 권리를 가지며 언젠가 한인에게 특수하게 적용된 차별과 관련 법안을 철폐하는 데 있습니다. 이러한 이유로 발간된 황제 칙서는 유럽에서 전쟁이 끝났고 세계정세가 급속히 변했으니 민족적 부강의 원천인 국민의 복리를 발전시키기 위해 진력을 다해야 한다고 지시하였습니다. 이러한 목적을 위해 칙서는 모든 사회의 대표 인사들이 나라 발전에 모든 협력을 보여주고 인도적 통치를 보장하도록 노력해야 한다고 하였습니다. 수상의 선언에 따르면 제국의 동등한 구성원인 한국인과 일본인 사이에는 어떠한 차이도 있어선 안되며 정부는 한국을 모든 방면에서 일본의 토착인에게 하듯 대하여야 한다고 결정하였다. 정부 역시 내각 수상 하라(Хара, 原敬) 씨의 규정(устав)에 따라 범주적으로 한국 통치를 위한 근본적 개혁을 내려 지속적으로 한인이 자치를 준비할 수 있도록 하라는 의도를 내보였습니다. 다시금 조선 총독으로 임명된 사이토 백작은 서울에 도착하기도 전에 시대가 요구하는 일에 응답하지 않았던 전임자의 국내정치를 공개적으로 인정한다고 선언하였습니다.

이처럼 가까운 미래는 한국인에게 광범한 자유와 마치 제국이 신민으로서 완전한 권리가 없는 듯했던 독특한 법령을 폐지할 것을 약속하였습니다. 그 같은 개혁을 도입할 임무를 맡은 사이토 총독은 언론 대표들과 적극적으로 인터뷰에 응함으로써 지체없이 진행될 개혁 조치를 언론이 보다 많이 알리도록 하였다.

그는 개인적으로 한인들에게 악의를 초래하지도 않을 것이며 그들 중 누군가를 억지로 행동하도록 부추기지도 않을 것이다. 아마도 금년 9월 2일자 제정된 테러법은 사이토와 연관된 것이 아니라 내지(Kpae) 최고 권력자와 연관되었을 것이다. 테러법은 "외국인의 권력 속에 더 많이 남겨놓은" 한국으로 외국인의 관심을 더 끌게 할 것이다.

폭탄을 터트린 범죄자는 아직 잡히지 않았다. 많은 용의자들이 체포되었으나 주범은 아직 자유로운 상태에 있다. 믿을만한 이유로 정부는 조사 과정에 대해 일체 언급하지 않고 있다. 그렇기 때문에 당연하게도 도심지에서는 폭탄 투하자 인적사항에 대한 흉흉한 소문이 돌고 있다. 최근의 경우 유력한 경우는 한인 복장을 한 일본인이 폭탄을 던졌을 거라는 얘기다. 한인이 아닌 경우 정부는 이 비밀스런 사태를 밝힐 모든 조치를 다할 것이다. 가장 확실한 전제는 이 사건의 최고책임자는 외국에 존재하는 한인 비밀결사 소속의 밀사라는 것이다. 사이토 총독 암살미수 계획은 그 같은 비밀결사가 세밀히 준비했고 폭탄을 소지한 단원이 부산, 대구를 거쳐 제 때 서울역으로 이동했다는 것이다. 체포자 중 한 명은 공범으로 의심되나 사건의 진실을 밝혀 줄 특별한 증거물을 흘릴 수도 있지만 아직 그러하진 않았다. 테러 행동은 오래 전부터 준비되었습니다. 폭탄은 외국에서 준비되어 사전에 미리 서울로 보내졌습니다. 그런데 오랫동안 폭탄을 실전에 사용하지 않았기에 실효성이 없는 것으로 밝혀져 서울에서는 새로운 폭탄이 준비되었습니다. 경찰 수중에 서울 형무소에 갇힌 어느 한인에게 전달된 편지가 쥐어졌습니다. 죄인의 편지 속에는 9월 2일 암살미수 사건의 결과에 대한 정보가 포함되었습니다. 재판 당국이 죄수를 탐문하여 구체적인 정보를 알고자 하나 아직 긍정적인 자료는 드러나지 않고 있습니다. 몇 가지 지침에 따라 재판 당국은 상해 주재 한인 망명가들이 한국에서 벌어진 동요사태에 상당수가 참여했을 가능성이 있다고 간주하고 있습니다. 상술한 한인의 상해 활동을 조사할 목적으로 금년 4월 상해 현장에 서울 경찰청 경찰총국원 오카모토(Окамото) 씨가 파견되었습니다. 그의 방문 목적은 상해 망명가들이 알아챌 수 있어 그를 미리 죽일 수도 있었으나 실행되지 않았던 것입니다.

 정부는 새로 고위직으로 임명된 사이토 백작의 생명을 앗아가려던 사실이 얼마나 애석한 일인가, 그리고 그가 예고한 개혁의 도입을 멈추지 않을 것이며 개혁 내용이 완성되면 곧 지체없이 실시될 것이라고 서둘러 발표하였습니다.

 매우 깊은 존경을 담아   루트쉬

문서 No. 9[35]

서울 주재 러시아 총영사 류트쉬가 도쿄 주재 러시아 대사 크루펜스키 V. N.에게 보낸 보고서

1920년 6월 21일. 서울.
No 3/189.

친애하는 바실리 니콜라예비치 백작께

최근 조선 총독이 한국과 일본의 신문에 러시아연해주 국경지대에서 벌어진 사건에 대해 한국 북동지역 경비대장의 업무보고 형식을 빌려 공식 발표하였습니다. 그 내용은 다음과 같습니다.

"이번 6월 4일 오후 5시경 20여 명의 한인 강도들이(일본인이 한인 봉기자들을 그리 부름 – 필자) 간양동(Канъяндон) 지대를 통과하면서 일본 정찰원들과 충돌하였고 그들에게 경미한 인적 손실을 입히며 반대편 언덕으로 몰아부쳤다. 그러나 한인 강도들은 인근 마을을 강화하면서 또 다른 공격을 위협하자 17명으로 구성된 남양(Намъян) 수비대 부대장 나이미(Наиими)는 다음날 아침 강을 건너 마을 북쪽 초소를 점령하였다. 우리 측 손실은 없었으나 한인 한 명이 죽었고 2명이 부상을 입었으며 2명이 포로가 되었다. 그 외 일본

---

[35] Донесение российских генерального консула в Сеуле Я. Я. Лютша Российскому послу в Токио В. Н. Крепенскому. Сеул, 21 июня 1920 года. N. 3/189 / АВПРИ. Фонд. "Консульство в Сеуле." Опись 766. Дело 350. Листы 5-9.

인은 3정의 소총(ружье)과 탄약 455통을 노획하였다. 6월 6일 일본인은 오후 1시 30분경 모든 증원군을 대동한 채 나남에서 종성으로 야스카와(Яскава) 소령이 3시경 남양에 도달하였다. 그들이 이 상황을 이해하고 있는지 모르지만 무장한 한인 10여 명이 중위 나이미 부대의 전초로 공격해 들어왔으나 이내 격퇴되었다.

다음날 굴복하지 않고 국경지대에 있던 한인들이 보다 잔인하게 자신을 드러냈다. 이른 아침 4시 15분경 25명의 한인이 안산(Ансан) 북방에서 일본군 부대와 충돌하였다. '강도들'을 추격하면서 일본군 부대가 봉오동(Понъодон) 마을로 들어갔으나 주민이 완전히 소개된 상태였다. 그럼에도 불구하고 사방의 높은 고지에서 추격대들을 향해 격렬히 총격이 가해지자 그들은 유원진(Ювончин) 평야를 따라 퇴각하였다. 바로 그때 일부 부대가 사격에 대응하면서 언덕 503푼트 높이에서부터 모든 고지를 차지해 나갔다.

이 모든 충돌 결과가 4시간 만에 이루어진 것으로 한인들은 필사적으로 대응하였다. 비록 정확한 수치는 알 수 없으나 전투에 참여한 한인은 200명에 이른 것으로 추정된다. 일본군 부대는 12명의 병사가 전상을 입었고 한인은 24명이 전투현장에서 주검이 되었다. 정부는 현저한 성과를 획득했으며 문서도 수집했다. 부대는 밤을 지낸 유원진 언덕 건너편에 도착하였다.

한인 부대들이 한반도 북부 국경지대로 무장진격한 자세한 결과는 우선적으로 공식 언론에도 드러났다. 함경북도가 완전히 안녕하지는 못하다는 소문이 이미 몇 주 전부터 서울에 알려졌고 이에 언급한 군사보고서는 단지 이틀에 걸친 사건만을 전할 뿐이었다. 게다가 그 사건은 이미 지난 일이며 일본인이 강도 집단이라 규정했지만 한인 빨치산이 투쟁한 성격을 지녔다. 불굴의 한인들은 타지에 머물면서 서로 동향인임을 느끼며 결집을 다졌다. 이들에게 이성적으로 희망없는 자기희생을 하지 말라고 할 순 없다. 왜냐하면 자신들의 출현을 당연히 고려할 수 없기 때문이었다. 전투 횟수는 점차 늘어났고 개혁은 주민 간 화해로 방향지워졌으나 안정이 정착된 것은 아니었다. 아직 소요사태는 북쪽 지방에 한정되어 있지만 일본인으로부터 국경 현지에 강압조치가 필요하다고 제기되고 있다.

국내에서는 아직 안정이 저해되고 있진 않지만 개혁조치에 대한 막연한 동요나 불신이 지속되고 있다. 불만분자들에 동정하는 선교사를 비난하는 일은 완전히 근거없지만 한국에 체류하는 외국인들을 위해 발간한 『Seoul Press』(서울 프레스)와 같은 언론기관에서 충분히 공개적으로 논의되었다.

그 언론은 선교사에게 다른 지점에서도 동조자관계로 한인을 후원하였다고 문제제기하였다.

그렇지만 당연하게도 이 문제는 선교사 문제가 아니다. 지금까지 한국에서 여러 분야에 걸쳐 채택된 미봉책이 주민을 진정시키고 일본인 통치에 불만인 한인을 편안하게 하지 못했다. 오히려 비인간성과 복수심으로 가득 찬 거친 조치가 주민과 지배자들 사이에 존재하는 적대감을 악화시켰다. 양측에서 이미 일본인 입장에서 근무하는 한인들 사이에서도 분별없는 악의가 드러나기 시작하였다. 가혹한 복수를 가하겠다는 위협과 살해에 대한 얘기가 나오고 있다. 한인이 근무하는 정부기관 내에서 이 같은 조치를 불러일으킨 원인을 숨기지 않은 채 업무를 폐기하는 일들이 일어나고 있다. 경찰은 아직 유용한 군사체계를 지니지 못하지만 나라 상황은 떠돌아다니는 수난을 잠재울 긴박한 조치를 강력히 요구하고 있다. 그 수난은 현재 정부에서 마치 자신의 날카로움(острота)을 잃기 시작한 듯하다.

　　최고로 깊은 존경 등을 담아　　　　　　　　　　　　　류트쉬

문서 No. 10[36]

서울 주재 러시아 총영사 류트쉬가 도쿄 주재 러시아 대사 크루펜스키 V. N.에게 보내는 보고서

1920년 8월 25일, No. 8/290
서울

친애하는 바실리 니콜라예비치 각하,

7월 말에 한국의 지방 자치 단체 도입에 관한 명령과 지시가 있었습니다. 지방 자치 단체가 시골과 도시 및 도 단위에서 만들어지고 있습니다. 서울에는 총독부 산하의 위원회가 설립되어, 총독의 지명으로 "국가에서 존경받고 경험이 많은 한국인"이 정식 위원으로 임명되었습니다. 나라를 통치하기 위해 지방에서 개발된 모든 조치가 최종 승인을 받기 위해 이 위원회로 올라옵니다. 중앙 정부의 비준을 요구하는, 지방 당국의 모든 명령은 이제부터 이 위원회에서 한국인 위원들이 참가한 가운데 검토될 것이고, 이에 따라 지방 상황에 맞게 조정될 것입니다. 이 법안에 따르면, 지역 주민과 관련된 모든 명령과 기획된 조치들은 행정 본부에서 열리는 위원회에 승인을 받기 전에 마을 행정 관청 산하 특별 위원회 및 시 위원회, 도 위

---

[36] Донесение российских генерального консула в Сеуле Я. Я. Лютша Российскому послу в Токио В. Н. Крепенскому. Сеул, 25 августа 1920 года. N. 8/290 / АВПРИ. Фонд. "Консульство в Сеуле." Опись 766. Дело 350. Листы 54-65.

원회에서 검토되어야만 합니다. 마을 위원회 위원은 지역 대표가 임명하고 도지사가 승인합니다. 시 위원회 및 도 위원회의 위원 1/3은 임명되고, 2/3는 재산의 자격이 있는 25세 이상의 지역 주민들 중에서 선출됩니다.

일본어 번역에 위의 명령을 첨부하면서, 저는 이 법안이 완전히 시행되기까지는 시간이 필요하다는 점을 각하께 알리는 것이 저의 의무라 생각했습니다. 선거가 직접 선거가 아니기 때문에 행정부는 불법 선거의 가능성이나 행정부로부터의 이러 저러한 압력을 제거하기 위해 상세한 규칙을 개발하려고 노력할 것이고, 이로 인해 시 관청이나 도 관청의 지방 선거가 끝난 후에나 법이 도입될 수 있을 것입니다. 법안이 발효되는 것에 대해서는 각하께 추가적으로 보고하지 않을 예정입니다.

모든 지역 신문에 법안을 공포하는 것은 주민들로 하여금 새로운 행정부에 호감을 느끼도록 만들고, 이전의 군사 체제의 모든 단점을 없애려는 행정부의 의도가 진실하다는 것을 확신시키려는 목적을 가집니다. 최근 발표된 조치는 조만간 지방 정부를 향한 선도적 주민들의 입장에 영향을 미칠 것입니다. 이러한 관계를 개선하고 통치자들에 대한 전폭적인 신뢰를 주민들의 마음에 심어주는 것은 현재 시점에서 시급하게 필요한 일입니다. 나라를 진정시키고 자유주의적 개혁을 통해 주민들의 호감을 얻어내려는 적극적인 노력에도 불구하고, 또 주민들에게 쏟는 관심에도 불구하고, 한국 내 일본 당국은 소요가 멈추지 않을 것이라는 점을 인정하지 않을 수 없습니다. 법원은 평화와 안녕을 위반하는 사건으로 끊임없이 바쁘고, 당국은 이 모든 사건이 의심의 여지없이 정치적 성격을 가진다는 결론에 도달할 수밖에 없습니다. 신문은 일본 체제와 타협하지 않는 한국인들의 행위에 대한 기사로 가득 차 있습니다. 비록 공식적인 보고에서는 이러한 행위들을 단순한 강도라고 부르지만, 약탈이 없고 이들의 공격이 민간인을 향한 것이 아니라 경찰서 및 때때로 군대를 향하고 있다는 점은 이러한 행위들의 본질이 무엇인지 충분히 설득력 있게 보여주고 있습니다.

오랫동안 당국은 만주와의 국경 지역에서 발생한 충돌을 공개하는 것을 억제했지만, 당국에 항상 유리하기만 한 것이 아닌 결과를 동반하는 그와 같은 충돌은 계속되었고, 국경 지역에서의 반란에 대한 소문이 끊임없이 돌았기 때문에, 지역 정부가 국경 지역에서 발생하고 있는 소요사태에 대해 보고를 하게 되었습니다. 이 보고서에 의하면, "타협하지 않는" 한국인들의 무장 시위가 간도에서 약 150,000엔을 운반하고 있던 은행 직원에 대한 습격(철혈광복단이 주도한 '간도 15만원 사건' - 역주)이 있었던 올해 초에 이미 시작되었다는 사실을 알 수 있습니다. 돈은 강탈당했고, 그중 일부는 상해에 있는 대한민국임시정부의 자금으로 전달되었고, 또 일부는 무기 구입비로 전달되었다고들 합니다. 일본은 블라디보스토크에서 이 습격의 주요 참가자들을 체포하여 정식 사법 당국에 재판을 받게 하려고 이관시켰습니다. 그 뒤를 이어 관청, 군사 기지, 및 개인에 대한 일련의 무장 공격이 이어졌습니다. 당국은 고집스럽게 침묵을 지켰고, 신문에게 이러한 사건에 대한 보도 기사를 작성하기 위한 자료가 제공되지 않았기 때문에 언론은 홍후즈의 공격에 대한 가장 애매한 소식을 싣는 것으로 제한되어 있었으며, 이러한 사건들을 설명할 수 없었습니다. 이로 인해 주민들에게 소문의 본질을 해명해야만 했던 공식적인 발표가 다소 지연되어 이루어졌습니다.

한국 북부의 수비대에 대한 강화가 상당히 비밀스럽게 이루어졌습니다. 7월 초 수백 명의 병사를 실은 대형 증기선이 일본에서 청진으로 들어왔고, 이 병사들은 복무를 끝낸 병사들을 대체하기 위해 들어왔다고 보고되었지만, 개인적인 정보에 따르면, 이들은 회령으로 보내졌고, 그곳에서 행군으로 간도에 이르렀습니다. 그리고 바로 그곳으로 기관총 부대도 파견되었습니다.

 만주에 접해있는 한국의 국경 지역에서 무장 행동이 목격되었고, 군사적 감독을 강화하는 방법으로 이러한 행동을 중단시키는 것이 주요 통치 업무가 되었습니다. 국경 지역에 확고한 질서를 확립하기 위한 한국 당국과 중국 국경 수비대의 협약 및 탈주한 범죄자들을 추적하기 위한 일본 경찰과 중국 경찰의 상호 지원에 대해 각하께 정중하게 보고를 드릴 수 있음을 영광으로 생각합니다. 이 문제는 매우 중요한 것으로 인정되어, 아카이크(Акаик) 조선 경무국장이 중국 당국과의 최종 협상을 위해 봉천(Мукден)에 방문하였습니다. 그는 동요하는 현지 주민들을 자신의 행동으로 안정시켜야 할 무겁고도 매우 어려운 임무를 맡고 있습니다. 현지 주민들의 불만은 국내 불안요소와 마찬가지로 한국과 해외의 다양한 애국 연합들의 지원을 받고 있습니다. 이와 같은 연합들은 미국이나 중국, 우리 연아무르 지역(Приамурье)과 같이 한국인 인구가 어느 정도 형성되어 있는 모든 곳에서 생겨납니다. 그들은 위와 같은 거점 지역이나 한국 내에서 운동에 동조하는 한국인들에게 모금한 자금으로 활동하고 있고, 일본을 향한 증오를 지속적으로 전파하고 한반도에서 일본 당국의 권위를 손상시키기 위해 노력합니다. 서울에도 「조선 민단」(Чосон Миндан) 또는 「조선민족 연합」(Союз корейского народа)이라는 명칭의 애국 단체가 결성되었습니다. 단체 창립자는 교육받은 한국인 청년 김영만(Ким Юнман)이고, 그가 올해에 자기와 같은 생각을 가진 90명의 동지들과 함께 연합의 첫 회의를 주선하였습니다. 이 회의에서는 가장 일반적인 표현으로 발표된 연합의 프로그램이 만들어졌는데 이러합니다. 단체는 산업 개혁, 어려운 경우에 대한 상호 지원, 인권 평등, 및 보편적 평화를 목표로 한다.

올해 7월 17일, 「한국기독청년단체」(Общества молодых христиан)의 회관에서 연합 독서회가 열렸습니다. 당면 문제들에 대한 연설이 있었는데, 이때 부주의하게 "한국 독립"에 대한 문제를 건드렸습니다. 비록 연사들이 경찰의 의심을 불러일으키지 않기 위해 노력하였지만, "때가 되었다"라는 제목으로 의제에 제시된 주제 자체가 현장에 있던 경찰요원들의 신경에 거슬렸고, 연사들은 경찰의 심문을 받고, 결국 연설의 목적이 완연히 드러났습니다. 이후 단체는 지속적으로 존재할 수 없게 되었습니다. 날카로운 감시가 단체 활동의 자유를 크게 제한했기 때문에 「조선 민단」은 7월 30일에 해산되었습니다. 이와 같이 단체는 비록 오래가지는 못했지만, 조국의 독립을 꿈꾸는 한국인들의 마음에 영향을 미치는 자신의 역할을 의심할 나위 없이 잘 수행했습니다.

이와 거의 동시에, 도쿄 고등 교육 기관의 한국인 학생들은 일반 교육적 성격의 주제로 강의를 할 목적으로 한국의 여러 도시를 방문하게 되었습니다. 이 계획은 당국의 허락을 받아서 실시되었고, 강사들이 정치적 문제에 대해서는 논의하지 않을 것이라고 밝혔습니다. 앞서 밝힌 젊은이들이 한국의 여러 도시를 순회하면서, 경찰에게 한 약속에도 불구하고 서울에서 금지된 문제를 건드렸습니다. 한 모임에서 조국의 독립을 위한 한국인의 투쟁에 대해 논의를 한 이후, 특히 모임이 지나치게 반항적인 성격을 가지게 되었기 때문에 강사들은 이후 대중 독서모임을 열 수 있는 권리를 박탈당했습니다.

황송스럽게도 각하께서는 최근 평안북도에서 발생한 반일 시위를 보여주는 목록에서 한국의 소요가 전혀 진정되지 않고 계속되고 있음을 보실 수 있습니다. 반일 단체들은 주민들에게 불만을 유지시키기 위해 노력하여, 때때로 테러 행위에 의존하기도 합니다. 한국의 애국자들은 상해 일본 영사관 앞에서 이미 1년 넘게 존재하고 있는 소위 대한민국임시정부의 정신적 지지와 이 운동을 열심히 온힘을 다해 지지하고 있는 미국의 동포들의 지원을 받고 있습니다.

영사들에게 상해와 다른 거점들에서 한국인을 감시하는 일이 주어졌고, 그들은 가능한 곳에서 최대한의 영향력을 발휘하고 있습니다. 중국에서는 당연히 성공하였고, 대부분의 경우 베이징 선교회의 협력이나 강권이 없지는 않았습니다. 왜냐하면 한국인들이 자신을 정치적 사건의 압력으로 조국을 떠난 망명자로 선언하며 지방 당국의 보호를 요청하기 때문입니다. 일본 영사들은 놀랄만한 인내와 집요함으로 해당 지역에 거주하는 한국인에 대한 완벽한 정보를 취득하고, 적대적 행동을 신속하게 제거하거나 적어도 이를 방지하려 애를 썼고, 비슷한 사건들을 성공적으로 완수하는데 크게 기여를 했습니다. 간도의 일본 영사는 이와 관련하여 많은 노력을 해야 했고, 결국 교활한 방법이었든, 온정을 베풀어서든, 이 지역에 거주하는 거의 모든 한국인 농민들에게 영향력을 행사할 수 있게 되었습니다.

적지 않은 한국인이 살고 있는 상해에서는 일본 영사의 입장이 물론 훨씬 더 복잡하지만, 그곳에서도 여러 차례 한국인이 체포되어 본국으로 송환된 경우가 있었습니다. 일본 총영사는 소위 상해 대한민국임시정부에 대해서 당연히 잘 파악하고 있었고, 일본 정부가 이들의 활동을 일본에 무해하다고 간주하는 것을 멈추는 순간 단체를 해산시킬 수 있을 것입니다. 이 '임시정부'는 당분간 활동을 멈추지 않고 한국 내 비밀 혁명 단체들과 빈번한 접촉을 유지하고 있는데, 이로 인해 일정 부분 국내의 소요가 가라앉지 않을 것입니다. 이러한 상황에서 한국 내 경찰의 업무는 의심할 나위 없이 복잡해지고, 자주 일어나는 "비타협적"인 행동들 덕분에 긴장된 성격을 띠게 될 것입니다.

당국은 자신의 의무에 따라 주민들과 밀접한 관계를 형성하고 그들에게 도덕적인 영향을 줄 수 있는 사람들, 즉 선교사들에게 도움을 요구할 자격이 있다고 생각합니다. 그러나 선교사들은 그와 같이 사소한 일에서 행정부의 조력자가 될 마음이 없으며, 자신들의 임무가 나라에 기독교를 전파하는 데 국한되어 있기 때문에 정치에 간섭할 자격이 없다고 단호하게 선언합니다. 그럼에도 불구하고 그들은 자신의 양떼들에게 조언을 거절할 수 없으며, 종교적이지 않은 문제에 대해 무의식적으로 언급을 해야 하거나, 그들에게 충고나 정신적 지지를 찾고 있는 신도들을 행동으로 지도해야 할 경우가 발생합니다. 따라서 사법 당국은 언제부터인지 한국인 선동가들의 다수의 행동을 밝혀내려는 목적에서 교회나 기독교 교육 학교에 대한 날카로운 감시를 확립하는 것이 유용하다고 판단하였고, 이를 통해 최근에는 다음과 같은 성과를 얻어냈습니다. 서울의 예배당 중 한 곳의 한국인 목사의 개인 숙소로 마련된 공간에서 상당량의 "독립신문"과 상해 임시정부의 공식 신문이 발견되었습니다.

조사 자료에 따르면, 이 금지 문헌은 상해 임시정부와 관련된 한국인 의료 실습생 이원식(Ли Вонсик)에 의해 신의주에서 이곳으로 들어온 것인데, 그는 이 운동에 동조하는 한국인들 사이에 배포하기 위한 혁명적 문헌들과 기관의 일반적인 지침을 임시정부로부터 전달받았습니다. 그는 혁명을 위한 열렬한 활동이 고려되어 서울의

"연락부" 책임자로 임명되었습니다. 상해 임시정부는 그의 손을 통해 다양한 종류의 혁명적 문헌들을 보냈고, 이는 국내에서 이 운동에 동조하는 기독교인 및 비기독교인 한국인들에게 배포되었습니다. 이 일과 관련된 사람들의 대부분은 발각되어 기소되었습니다.

　기독교 예배당 내에서 많은 수의 혁명적 문헌을 발견하는 데 성공한 후 경찰은 기독교 교회와 학교에 대해 가장 날카로운 감독 체계를 수립하고 전국의 모든 선교사들을 감시해야만 했습니다. 당국은 한국의 정치적 운동에 대한 미국의 태도를 고려하지 않을 수 없었기 때문에 미국 선교사들에 대한 감시를 특히 엄격하게 수행했습니다. 경찰 감독관은 일부 기독교 교회와 학교가 한국인 선동가들의 만남 및 다른 혁명적 목적을 위한 만남의 장소로 바뀌었기 때문에 앞으로 이 장소들이 경찰 측으로부터 엄격하게 감시를 받는 장소로 포함되어야만 한다고 공개적으로 밝혔습니다. 또한, 이 건물들을 관리하는 일을 맡은 사람들은 앞으로 이 건물들이 악용되는 것에 대해 경찰 앞에서 책임을 져야 할 것입니다. 의심할 여지없이 선교사들은 자신의 교회와 학교에서 실질적인 감독을 실시하여 앞으로 경찰이 선교 건물에서 수색과 압수를 할 구실이 생기지 않도록 노력할 것입니다.

　미국인 선교사들은 기독교 사회와 그 수장들이 반정부 활동 참여했다는 의심이 들 만한 근거를 정부에게 제공했던 불행한 사건들에 대해 스스로 유감을 표현했고, 그들이 알고 있는 한국인 선동가들에 대한 엄격한 감시 체계를 실제로 확립했습니다. 그 이후, 한국 현지 주민들의 복지에 긍정적인 영향을 미친 일본의 한국 통치 10년의 결과에 대한 기사 및 스스로 관리가 되지 않는 나라를 앞으로도 계속해서 일본이 통치해 줄 것을 바라는 일본에 우호적인 기사들이 지역의 영자 신문에 등장했습니다. 한국의 총독부는 선교사들에게 행정부에 협조할 것을 다시 한 번 요구할 수 있다는 것을 인식했고, 국내 영적 선교에 대한 경찰의 감시의 성격과 강도는 이 제안에 대한 선교사들의 태도에 달려있습니다. 그러자 이번에는 행정 당국이 양보를 하여, 기독교의 자유로운 선교 활동을 막는 최근의 명령들을 재검토할 준비가 되었다고 선언했습니다. 기독교 학교의 교과과정에서 하느님의 율법을 없애라는 명령을 조만간 취소하겠다고 약속합니다.

데라우치 백작 정부에 의해 체계적으로 시행된 이 명령은 한때 모든 영적 선교에 매우 비우호적이었는데, 그것이 취소되는 경우 선교사들은 자신의 신도들에게 일본 통치의 의미를 조금 더 평화롭게 해석해야 할 의무가 생길 것입니다. 제 생각에는 그렇게 되면 선교사들은 초대 한국 총독이 이곳의 현지 주민들에게 미치는 선교사들의 영향을 약화시킬 목적으로 실시한 제한 조치의 폐지를 기대할 수 있습니다. 다른 한편으로 수십만 명으로 구성되었고, 의심할 나위 없이 더 발전된 계급에 속하는 한국인 기독교인들에게 적지 않은 정신적 영향을 행사하는 영적 선교활동의 자발적인 협력에 대해 확신할 수 있다면, 행정당국도 현재 실행 중인 개혁으로부터 더 큰 성공을 거둘 수 있는 권리를 획득할 수 있을 것입니다.

가장 깊은 존경을 담아 류트쉬(Я. Лютш)

문서 No. 11[37)]

서울 주재 러시아 총영사 류트쉬가 도쿄 주재 러시아 대사 크루펜스키 V. N.에게 보내는 보고

1920년 10월 12일, No. 12/349
서울

친애하는 바실리 니콜라예비치 각하,

며칠 전 한국 총독부의 공식 기관지인 『서울 프레스』에 "만주의 도시에서 일본인이 구타당하다"라는 충격적인 제목의 기사가 다음과 같은 내용으로 등장했습니다. "한국 군대 본부의 보고에 따르면, 10월 2일 오후 4시경, 300명~400명 정도의 말을 탄 강도 무리가 한국 국경의 맞은편인 북만주의 훈춘 시를 공격하여, 도시의 일본인 거류지에 있는 집 여러 채를 불태우고, 약탈할 수 있는 모든 것을 약탈해갔다. 일본 영사관은 불에 탔고, 일본인 10명이 사망했으며, 20명 이상이 부상을 입었다. 공격에는 불순한 한국인 다수가 참여한 것처럼 보였고, 강도들은 어떤 러시아인의 지휘를 받고 있었다. 남자들은 말할 것도 없이 여자나 아이들까지 살해하면서 보여준 잔혹성은 그곳에서 벌어진 일이 역겨운 볼셰비키가 관여하지 않았을 리

[37)] Донесение российских генерального консула в Сеуле Я. Я. Лютша Российскому послу в Токио В. Н. Крепенскому. Сеул, 12 октября 1920 года. N. 12/349 / АВПРИ. Фонд. "Консульство в Сеуле." Опись 766. Дело 350. Листы 80-83.

가 없다는 것을 보여주는 듯했다. 왜냐하면 범죄의 성격이 말을 탄 강도들이 최근까지 보여준 것과 완전히 다르기 때문이다. 강도들의 습격이 곧바로 반복될 것이라는 징후가 있기 때문에 훈춘의 주민들은 공황 상태에 빠졌다. 이 보고를 받고 군 당국은 불행한 사건이 발생한 현장으로 경원(Кёнвон) 수비대의 일부를 파견하여 필요한 조치를 취했다."

서울에서 입수한 추가 정보에 의하면, 강도들이 훈춘을 공격했을 때 경찰 관리와 일부 경찰관, 그리고 지역 주민을 포함하여 10명이 사망하였고, 36명이 다소 중상을 입었습니다. 강도들은 약 40명의 사망자를 남기고 후퇴했습니다. 풍문에 따르면, 강도 중에는 러시아인 8명과 불온한 한국인 몇 명이 있고, 나머지는 모두 중국인이었다고 합니다. 강도 무리는 일본 영사관 건물을 완전히 태워버린 후에야 후퇴하기 시작했습니다. 영사관 건물 중에는 곁채 하나와 우편 저장실이 남았을 뿐입니다.

이 강도들에 의해 새로운 공격이 가능할 것이라는 생각 때문에 일본인, 한국인, 중국인 등 주민의 대부분이 도시를 떠났습니다. 일본 군대가 도착하여 빠르게 질서를 회복시켰습니다. 간도 일본 영사의 요구에 따라 중국 당국은 약 200명의 병사들을 사건 현장에 급하게 파견했고, 또한 가장 가까이 위치한 도태(даотай)가 직접 현장에서 문제를 조사하기 위해 도착했습니다.

훈춘 주민들의 걱정이 괜한 것은 아니었습니다. 중국 병사들이 강도 무리에 합류하기 시작하여 며칠 안에 강도 무리는 1,200명으로까지 늘어났고 그들은 10월 4일 아침 다시 훈춘을 향해 진격했습니다. 군 당국의 보고에 따르면, 강도들은 현지 일본 영사관을 두 차례 연속하여 공격했고, 두 번 다 모두 일본에게 격퇴되어 약 40구의 시체를 남기고 떠났습니다. 같은 날 일본의 소부대가 도시 인근 지역을 여러 곳 수색을 하면서 강도들과 교전을 벌였는데 강도들의 저항이 완강했던 것으로 보입니다. 강도들은 40명이 사망했는데, 일본인들은 14명이 부상을 입었고 사망자는 없었습니다.

 주민들이 불안한 소문 때문에 걱정하면서 외부로부터의 보호를 기다리고 있던 훈춘의 심각한 상황은 일본으로 하여금 더욱 강력한 군사력을 현장에 파견하게 만들었고, 이 단호한 행동에 대해 경고를 받은 중국 정부는 자신들도 역시 훈춘으로 사람을 파견해야겠다고 인식하게 되었습니다. 중국 정부는 봉천 군벌의 장쮀린에게 이에 대해 위임을 했고, 소문에 의하면, 그는 이미 이 임무를 수행했다고 합니다. 이번 강도들의 공격으로 인한 인명 피해와 물질적 손실에 대한 계산은 아직 완료되지 않았지만, 피해가 상당히 컸을 것으로 보입니다. 강도들의 손실은 훨씬 더 커서, 마지막 공격 이후 61명의 사망자를 남겼는데, 그들 중 중국인 3명의 신원이 확인되었습니다.

 개인적인 소식통에 의하면, 훈춘에서 발생한 사건은 지역 주민들에게 예상치 못한 일이 아니었습니다. 이미 9월 16일에 말을 탄 강도 몇 명이 무방비 상태의 도시를 공격한 적이 있습니다. 같은 9월 16일에 강도 무리는 도시 인근에도 나타났는데, 자신들의 수가 적었기 때문에 약탈을 할 생각을 하지 못했습니다. 주민들이 걱정하기 시작했고, 현지 일본 영사는 주민들의 요청에 따라 경찰과 군대를 파견해줄 것을 인근 지역들에게 청원했습니다. 불안한 상황이 약 3주간 지속되었는데, 만약 당국이 그때 바로 단호한 조치를 취했다면, 어쩌면 앞서 언급한 불행한 사건이 일어나지 않았을 지도 모릅니다. 훈춘은 한국과의 국경에 위치해 있고, 이 국경 지대에서는 이미 예전부터 경계 조치가 이루어지고 있습니다. 훈춘에 거주하는

운 나쁜 주민들에게 적시에 도움을 제공하고, 이로써 강도들의 공격을 예방하는 것은 당연한 일이고 어렵지도 않은 일이었습니다.

이 사건은 아마도 일본 정부에게 훈춘 지역에 더 많은 관심을 기울일 필요가 있음을 인식할 수 있는 계기를 제공할 것입니다. 훈춘은 한국 북쪽의 경계에 인접해 있기 때문에, 특히 최근 들어, 자신의 조국에서 일본 체제와 타협할 수 없는 한국인들에게 피난처의 역할을 하고 있었습니다. 또한 이 사건 이후 훈춘이 현재 상당히 평온해서 한국에 특별한 위험을 가하지 못하고 있는 간도처럼 한국 총독의 세력권으로 넘어가게 되는 것은 당연해 보입니다. 훈춘 사건의 청산에 대한 청보를 정보를 각하께 더 이상 추가적으로 보고 드리지 않겠습니다.

가장 깊은 존경을 담아　　　　　　　　　　　　　　류트쉬(Я. Лютш)

문서 No. 12[38)]

서울 주재 러시아 총영사 류트쉬가 도쿄 주재 러시아 대사 크루펜스키 V. N.에게 보내는 보고서

1921년 1월 25일, No. 7/43
서울

친애하는 바실리 니콜라예비치 각하.

바로 몇 년 진에 의회는 한국을 위한 특별 부대 2개 사단에 대한 지출을 허용했습니다. 이러한 허용은 알려진 바와 같이, 도쿄에서 큰 영향력을 행사하는, 초대 조선 총독 데라우치 백작이 오랜 세월 지속적으로 제기해온 결과였습니다. 그 당시 이 청원은 그때까지 한반도에 주둔했던 1개 사단과 1개의 혼합 여단이 시대적 요구를 충족시키지 못했다는 사실에 의해 동기를 부여받았고, 이밖에도 2개의 사단을 한국을 위한 특별 부대로 지정해달라는 희망이 전달되었습니다. 이 청원이 받아들여지는 것은 그 타당성에도 불구하고 성공적일 것 같지 않았습니다. 왜냐하면 청원을 완전히 허용하기 전까지 현지 군사 지도부는 그 2개의 부대를 이곳에 배치하기 위해 3개 사단을 준비해야 하는 것을 불편하게 생각했기 때문입니다. 이

[38)] Донесение российских генерального консула в Сеуле Я. Я. Лютша Российскому послу в Токио В. Н. Крепенскому. Сеул, 25 января 1921 года. N. 7/43 / АВПРИ. Фонд. "Консульство в Сеуле." Опись 766. Дело 365. Листы 15-15 об.

계획을 시행한 이후에야, 군사 당국이 필요한 자금을 신청하고 필요한 건물을 짓기 시작했는데, 이는 당연히 적지 않은 시간이 걸렸습니다.

  1919년 한국의 독립을 지지하는 혁명 운동이 발생하면서 서울의 군사 당국은 국내에서 자신의 지위를 강화하고, 헌병 경찰의 지위를 견고히 할 필요를 느꼈고, 이를 위해 국내의 소수 수비대를 더 약화시켜야 했습니다. 훈춘 폭력 사태 이후 간도와 그 주변으로 개별적인 부대를 파견하면서 상당한 긴장이 요구되었습니다. 이 파견이 일시적일 뿐이고 국내에 커다란 동요가 발생할 근거가 없었음에도 불구하고 당국은 흥분했고, 한국 내 정규 수비군의 규모를 늘려야 할 필요성에 대해 목소리를 높이기 시작했습니다. 동양척식회사의 총재 이시즈카도 한국의 상황을 알게 될 기회를 가졌습니다. 그는 한국에 2개의 사단을 배치하는 문제가 제기된 바로 그 순간에, 한국 총독부 본부에서 오랫동안 근무해온 뛰어난 한국 전문가입니다. 한국과 만주 출장에서 도쿄로 돌아온 그는 한국의 상황에 대한 자세한 견해를 제시하기 위해 각료 회의와 조선 총독에게 갔습니다. 당시 한국은 어지러운 소용돌이 속에 처해있고, 동원 가능한 군사력은 봉기가 일어나면 혁명가들의 희생자가 될 수도 있는 상당히 많은 수의 일본인 정착민과 공무원들을 완전히 보호할 수 있을 능력이 되지 않았기 때문에, 사실상 보호를 받지 못하는 상태였습니다.

  이시즈카는 정부에게 한국의 부대 수를 즉각적으로 늘려서 가급적 5개의 사단으로 주둔할 것을 강력히 권고했습니다. 이 유능한 사람의 제안은, 흔히 말하는 것처럼, 큰 주목을 받았고, 중앙 정부와 조선 총독 모두 다 이 문제를 살펴보기로 결정했습니다. 한편, 사이토 남작은 한국이 넓은 지역을 차지하고 있어서 5개 사단이 주둔할 장소를 찾는 것이 어렵지 않기 때문에, 일본 본국에서 여러 사단을 이동시키는 것이 매우 적절한 조치가 될 것이라고 밝혔습니다. 그러나 이와 같은 조치를 군국주의적 성격으로 해석해서는 안 됩니다. 그저 나라의 질서와 평온을 유지하려는 정부의 소망이 이러한 조치를 취하게 했을 뿐입니다. 사이토 남작이 최근 도쿄에 체류하는 동안 이 문제가 국무부 특별 회의의 안건이 되었습니다. 회의에는 조선 총독과 국무부 고위 관료들 이외에도 한국 부대 지휘관이 참석했습니다. 활자화된 보도를 믿는다면, 양쪽이 모두 수비대를 또 하나 추가하여 세 번째 사단으로 강화하기로 원칙적으로 결정하였고, 이 제안은 다음 회계연도에 실행될 것입니다.

각하께 이에 대해 보고드리는 것이 제 의무라고 생각합니다.

가장 깊은 존경을 담아   류트쉬(Я. Лютш)

문서 No. 13[39]

서울 주재 러시아 총영사 류트쉬가 도쿄 주재 러시아 대사 크루펜스키 V. N.에게 보내는 보고서

1921년 1월 26일, No 2/44
서울

친애하는 바실리 니콜라예비치 각하,

　서울 경찰은 비교적 최근인 작년 6월에 「자기수호연합」(Союза самозашиты)이란 이름으로 설립되어 평안북도에 본부를 두고 있는 정치 단체의 근거지를 찾아내는 데 성공했습니다. 초기에 20명의 회원으로 구성되었던 이 연합은 상해 대한민국임시정부에 대한 동조를 표명하고, 임시정부를 위해 부유한 한국인 반일 세력들로부터 군자금을 모금했습니다. 지방 검찰청이 입수한 정보에 따르면, 연합은 자신의 모금액을 "민족적 사업"에 사용하고 있기 때문에 국민들 사이에서 널리 존경과 신뢰를 받았습니다. 또 연합은 작년 말에 상당한 거금을 무기 구입에 사용하기도 했습니다. 주민들이 한국의 독립을 회복하는 일에 동조한다는 사실을 간접적으로 보여주는, 군자금 모금이 성공적으로 진행된 것으로 보아, 평안북도에서의 선전 사

---

[39] Донесение российских генерального консула в Сеуле Я. Я. Лютша Российскому послу в Токио В. Н. Крепенскому. Сеул, 26 января 1921 года. N. 2/44 / АВПРИ. Фонд. "Консульство в Сеуле." Опись 766. Дело 365. Листы 14-14об.

업은 상당히 성공적으로 이루어진 듯합니다. 이 집단의 구성원들은 자신들의 부주의한 행동이 주요 활동가들의 체포를 가져오는 구실이 되어버리고, 당연하게도 단체 활동에 좋지 않은 영향을 미치게 되자, 남쪽으로 이동하려 했습니다. 검찰의 공개된 정보에 따라 판단해 보면, 단체의 위원회가 일본 경찰에 의해 장악되는 과정에 대한 자세한 내용은 다음과 같습니다. 작년 12월 14일 이 집단의 구성원인 이청운(Ли Чунђун)이 7명의 동지들과 함께 변도경(Пён Докён)이라는 서울의 부자 한국인의 집을 찾아와 임시정부에 기부를 해달라고 요청했습니다. 이 한국인 부자는 그들에게 일정 금액의 돈을 줄 수 있다고 말하고, 그 돈이 마련되는 시기를 정해줬습니다. 그러나 그는 자기 집에 그 사람들이 나타났다는 것을 지역 경찰에 알렸고, 경찰은 정해진 시간에 경찰부대를 보내서 그곳에 나타난 단체의 성원들을 체포했습니다. 이청운은 경찰과의 충돌 중에 일본인 한 명과 경찰 부대원 중 한국인 한 명을 죽이는데 성공했으나, 결국 체포되었습니다. 검찰의 심문 중에 그들 중 일부는, 아마도 고문 때문일 수도 있는데, 당의 활동 성격과 그 구성을 확실히 드러내는 증언을 했고, 그로 인해 몇 차례의 체포가 더 이루어졌습니다. 검찰의 자료에 의하면, 수개월 동안 당의 구성원들은 69명의 사람들로부터 군자금을 모으는 데 성공하여, 평안북도 한 곳에서만 약 37,000엔의 현찰과 채권을 모았습니다. 조사는 여전히 진행 중이며 이 단체의 활동에 대한 새로운 세부사항이 밝혀질 수 있을 것으로 보입니다. 이 단체의 수장인 이청운의 운명은 그가 두 명의 경찰을 살해한 혐의로 기소되었기 때문에 거의 결정되어 있다고 보입니다.

각하께 이에 대해 보고드리는 것을 제 의무라고 생각합니다.

가장 깊은 존경을 담아서　　　　　　　　　　　류트쉬(Я. Лютш)

문서 No. 14[40]

서울 주재 러시아 총영사 류트쉬가 도쿄 주재 러시아 대사 크루펜스키 V. N.에게 보내는 보고

1921년 3월 22일, N 5/00
서울

지역 경찰은 한국에서 불온 분자를 색출하는 과정에서 대한민국 임시정부의 이름을 이용하는 혁명 조직의 근거지를 찾아냈습니다. 이 조직에서 압수된 문서와 서신에 의하면, 결정적인 행동을 망설이고 있는 상해 임시정부의 능력에 실망한 일부 비타협적 한국인들이 자신의 조국을 일본으로부터 해방시키기 위해 더 열렬하게 활동할 목적으로 새로운 대한민국 정부를 수립하려 계획했다는 것이 드러났습니다. 이 정부의 근거지는 서울로 예정되었고 이 운동의 지도자는 박씨 성의 어떤 인물인 것 같습니다. 경찰은 이미 많은 체포를 실시했고, 예비 조사 결과는 아직 공표되지 않았습니다. 소문에 의하면, 박씨 성의 인물은 예전에 검사였으며 자신의 동포에게 상당한 영향력을 행사하고 있다고 합니다.
한국 북서쪽 국경의 상황은 꽤 만족스럽지 못합니다. 매일같이

---

[40] Донесение российских генерального консула в Сеуле Я. Я. Лютша Российскому послу в Токио В. Н. Крепенскому. Сеул, 22 марта 1921 года. N. 5/100 / АВПРИ. Фонд. "Консульство в Сеуле." Опись 766. Дело 365. Листы 18-20 об.

지역 신문들에는 비타협적인 한국인들과 중국인 강도들의 반일 적대 행위에 대한 기사가 실리고 있으며, 이는 지역 당국으로 하여금 한국 국경 지역에 대한 감시를 강화하고 반란군을 평정하기 위해 군대를 파견하도록 만들었습니다. 지금까지는 그 결과가 일본인들에게 꽤 만족스러워서, 반란군들은 체포되거나 진압 과정에 사망합니다. 그러나 반란군 무리의 움직임이 멈추지 않고 있어서 일본은 군대와 국경 수비 경찰부대를 강화할 필요성을 느꼈고, 이를 위해서 수비대와 경찰력의 증대가 요구됩니다.

경찰청 본부는 만주와 우리 연아무르 지역에 숨어 있는 한국 반란군으로 구성된 일종의 정규군(독립군-역자)을 조직하는 것에 대한 나름 정확한 정보를 확보했습니다. 이 군대는 일본에 대항하기 위해 파견될 예정인데 이들이 일본 부대와 부딪힐 가장 가까운 장소는 만주 영토, 또는 한국 영토 내의 한국 국경지대인 것으로 보입니다. 이 소식은 당연히 충격적이었지만, 어찌 되었든 가능한 것으로 판단되었습니다. 한국에 도달한 정보에 의하면, 대한민국임시정부의 대통령인 이승만 박사가 한국 독립 회복 운동에 대한 미국의 동조를 얻고, 가능하다면 물질적 지원도 받을 목적으로 미국에 다녀왔다고 합니다. 그러나 그는 외교적 방법으로 자신의 목적을 이룰 수 없다는 것을 곧 확신하게 되었습니다. 따라서 주어진 목표를 다른 방법으로 달성하기 위한 계획이 다음과 같이 연구되었습니다. 미국이 이 문제에 대해 중개자의 역할을 수행하기로 합의하여, 한국에 자치를 부여하거나 극단적인 경우 완전한 자치제를 허용하는 것을 일본 정부로부터 동의를 받으려 함께 노력해 줄 것이라는 희망을 가지고, 일본을 상대로 군사행동에 돌입하기로 결정하였습니다. 12월에 이승만은 상해로 돌아와 자신이 생각한 계획을 실행하기 위해 열심히 준비하기 시작했습니다. 일본과의 전쟁에서 소비에트 군대의 전폭적인 지원을 보장받는 목적이 포함된 협정을 마치 이승만이 상해에서 유린[41]과 체결한 듯 보이는 것이 그가 취한 여러 조치들 중에서 중요한 역할을 수행한 것으로 보입니다.

군대는 중국과 러시아 영토에서 준비를 했고, 중국 지역 당국의 지원과 동조를 받고 있습니다. '임시대한독립군단'(Временной Великой Корейской Армии Независимости)의 본거지는 기린성에 위치해 있고, 군단의 총재로 서일이 임명되었으며, 그의 조력자들로 김좌진, 홍범도, 최진동(Чхве Чундон), 최명록(Чхве Меннок)이 있습니다. 만주와 우리 극동에 흩어져 있던 한국인 젊은이들로 군대가 모집되고 있다고들 합니다. 현재 이 부대는 약 60,000명쯤으로 이루어져 있는데, 그중 40,000명은 돌아가신 전직 러시아 제국 주재 한국 공사 이범진의 아들이자, 현재 모스크바에서 한인 사회주의자의 수장 역할을 하고 있는 이위종의 추종자들이고, 20,000명은 아무르 주의 한국인 지도자인 김하석(Ким Хасок)과 김하구(Ким Хагу)의 추종자들로 여겨집니다. 주요 군대 창시자는 상해의 임시정부 군무 총장인 노백린인데 그는 현재 아무르 주에 머물면서 그에게 맡겨진 군대 조직을 감독하고 있습니다.

앞에서 말씀드렸듯이, 유린과 상해 대한민국임시정부 대통령의 만남이 이루어졌고, 상해에서 이승만 대통령은 독립된 한국의 부활에 이르는 첫 걸음이 될 수도 있는, 소비에트 방식의 정부를 건설하기로 합의를 했습니다.[42] 대한민국임시정부의 온건파들이 이 계획

---

[41] 유린(И. Л. Юрин)은 1920년 중국에서 러시아 극동공화국(ДВР)의 무역 임무를 수행했다.(필자주) 참고로 이승만은 상해에 1920년 12월부터 1921년 5월까지 체류하였다.(역자주)

에 반대를 했습니다. 국무총리 이동휘가 사임을 했습니다. 그는 현재 러시아-중국 국경 지역의 한인촌에 거주하고 있습니다. 대부분의 지원자들은 간도와 남만주 지역에서 모집되며, 연해주에서는 위에서 말한 독립군에 입대하려는 사람은 아직 많지 않습니다.

훈춘과 연길(Ёнчжи), 북간도의 한인 지원군들은 한국군(Корейской армии)의 본거지로 합류하였고, 남만주에는 소위 남부군대(Южной армии)라 불리는 부대의 본거지가 위치해 있습니다. 서간도에는 한인 선수협회(Общество корейских спортсменов)가 존재하고 있는데, 무기를 소유한 회원 모두가 북쪽으로 갑니다. 늦은 봄이나 올해 초가 군사행동을 개시할 적기로 표시됩니다.

한국에서 일본 당국이 이웃 만주의 고위 당국 대표자들과 진행한 협상에 대해 각하께 보고 드리는 것을 영광으로 생각합니다. 이 협상은 최근에 일본의 북서쪽 국경 지대에서 발견되기 시작한, 한국의 평화에 좋지 않은 영향을 미치는 조건을 제거하는 것이 주요 쟁점입니다. 그럼에도 불구하고 국경 지역의 위험 상황은 계속되고 있고, 한국 내 일본 당국 스스로도 무장행동을 준비하는 듯한 한국 이주자들의 적대적인 의도를 부정하지 않고 있습니다. 이 운동은 사실 만주의 중국 당국이 이를 저지할 수 없을 만큼 강력해졌습니다. 일본은 아마도 가까운 시일 내에 이와 같은 위험을 직면해야 할 것이고, 그러면 한반도의 군사 수비대를 강화해야 하는 문제가 당연하게 제기될 것입니다. 앞서 언급된 군대는 군사적인 측면에서 큰 의미를 가질 수는 없지만, 그래도 틀림없이 나라 안의 불안을 증가시킬 것입니다.

---

42) 이승만과 유린의 협상에 대한 다른 정보를 가지고 있지 않습니다.

이러한 조건에서 한국 총독은 자기가 맡고 있는 지역의 상황에 대해 안심시키는 담화를 발표하는데 이는 이해하기 어려운 일입니다. 사이토 남작은 도쿄의 신문 기자와의 인터뷰에서 총독의 발언을 보증하여, 한국인들이 총독 취임 이후 수행된 개혁들에 많은 측면에서 협력하고 있다고 말했습니다. 선거를 통한 지방의회의 형태로 한국에 부분적인 자치권을 부여하는 것이 결실을 맺기 시작합니다. 많은 한국인들이 선거에 참가하여 자신의 후보를 출마시키고, 그들을 통해 통치에 참여하려 합니다. 사람들은 자기들의 이익에 영향을 미치는 문제에 관심을 보이기 시작했고, 그 결과 나라가 이제 벌써 활기를 띠기 시작했습니다. 사이토 남작은 간도 토벌에 대해 매우 신중하게 대응하면서, 일본 군대가 저지른 불법에 관한 정보가 지나치게 과장되어 있다고 말했습니다. 부대의 행동은 대부분이 간도의 어떤 사람들이 잘못했다는 한국인들의 증언에 의해 평가되었습니다. 또 다른 한편으로, 선교사들도 그 한국인들의 의견에 따라 일본군의 행동을 판단했습니다. 이런 바탕에서는 항상 오해와 부정확함이 있을 수 있는데, 이 경우에도 틀림없이 그럴 수 있습니다. 주민들과 더 많이 알기 위해서는 현지 언어에 대한 지식이 절대적으로 필요하고, 정부는 한국 내 일본 관리들에게 현지 언어를 공부할 것을 장려했습니다. 현재 현지 언어를 만족스럽게 구사할 수 있는 일본 관리들에게 급여에 추가금을 주는 형태의 포상을 수여하는 것은 적절한 것으로 판단됩니다.

사이토 남작은 국민들의 영적 발전에서 선교사들의 활동에 많은 관심을 기울였습니다. 선교사들은 국민들과 가깝기 때문에, 자신들의 양떼들의 마음을 올바른 길로 인도하면서 자신들의 영향력을 행사하여 행정부에 적지 않은 도움을 줄 수 있습니다. "선교사들은 우리의 국내 정치를 자세히 살펴볼 기회를 가졌는데, 우리가 수행한 개혁들이 매우 중요하다는 사실을 확신했기를 바랍니다. 그들 중 많은 사람들이 이미 우리를 돕고 있고, 우리는 이것을 매우 높게 평가하고 있습니다."라고 그가 말했습니다.

총독은 한국인들이 예를 들어, 자기 토지에 물을 대는 일과 같이, 공공의 의미를 가지는 기업에 협력하는 능력이 있다는 사실에 주목했습니다. 현재 나라에는 많은 관개 조합이 존재합니다. 총독부는 그러한 조합들에 가능한 선에서 조언을 하거나 물질적인 지원을 하고 있습니다. 약 2년 전에 일어났던 독립 운동(3·1운동을 의미함. 필자주)은 빠르게 잠잠해졌고, 소위 상해의 대한민국임시정부에 관련되었거나 이 정부의 이름으로 군자금을 모으는 인물들을 한국인 스스로 관청에 발고하는 경우도 종종 발생하고 있습니다. 국민들의 마음에 더 나은 것을 추구하는 급격한 변화가 일어나서, 예전에는 한국 독립에 대한 소망을 전파했던 사람들이 이제는 그들이 틀렸었다고 인정합니다. 사이토 남작의 의견에 따르면, 한국은 조용해지고 있습니다. 그는 한 치의 망설임도 없이 한국에 완전한 평온이 임박했다고 믿습니다.

약 2년 전에 발생한 독립 운동이 점차적으로 사라지고 있다는 사이토 남작의 잘난척하는 진술을 한국 국경 지역의 동요 및 항일 투쟁을 위한 한국군 편성과 같은 정보와 비교해 보면, 고위급 발언가가 자신에게 맡겨진 지방의 통치 상황에 대해 의도적으로 그렇게 낙관적으로 말한 것이라는 생각이 저절로 떠오릅니다. 간도의 토벌대는 사전에 작성된 명단에 따라 수많은 한국인 이민자들을 처형하고, 그 한국인들의 집을 태웠습니다. 또한 그들은 교회가 일본 체제에 반대하는 한국인들의 집회 장소 역할을 하고, 한국인들을 한반도의 현재 주인과 화해시키지 못했다는 구실로 기독교 교회 건물도 불태웠습니다. 한국인들은 일본이 한국인을 죽였고 자기들은 이를 잊지 않을 것이라고 말합니다. 한국인들의 호의는 나라에서 일본 군국주의를 물리친 뒤에나 가능합니다. 한국은 역사가 짧은 나라가 아니어서 자기만의 고유한 관습 및 풍습이 있고, 이는 많은 부분에서 다른 민족의 관습이나 풍습과 차이를 보입니다. 한국인들은 자발적으로 자신의 역사 및 자신의 관습, 풍습을 부정하지 않은 것입니다. 한국인 이민자들은 한국의 힘과 미래를 믿고, 심지어 외부의 도움이 없이도 한국이 통치될 수 있다고 믿고 있습니다. 그들은 해외 동포들로부터 정신적 지원을 받고 있으며, 해외 동포들은 한국 문제에 미국인들 및 다른 외국인들의 동조를 확산시킵니다. 예를 들어, 최근에는 뉴욕의 대중들이 많이 모이는 공공장소 중 한 곳에서 "독립 선언" 2주년을 기념하는 축사를 큰 관심을 가지고 낭독하였습니다. 여기에는 물론 한국인이 주로 참석하였지만 미국인들도 있었고, 그중에는 일부 선교사들이 눈에 보였습니다. 이 모임은 구한국 황제의 과거 고문이었던, 한인 이민자 기독교인인 필립 잭슨[43]이 주관했습니다. 모임은 전혀 말썽이 없었고 언론의 주목도 거의 없었습니다. 2주년 행사는 상해에서도 열렸는데 그곳에서도 역시 조용히 행사를 진행했습니다. 상해 한국인 애국자들의 모임에서는 일본과의 전쟁을 위한 군자금을 계속해서 모으고, 운동에 동조하는 한국 내 동포들을 이 일에 끌어들이기로 결정했습니다. 같은 생각을 가진 부자들에게 군자금을 모으고 있던 한인들의 체포에 대한 기사

---

[43] 필립 잭슨은 한국 최초의 사회 정치 조직인 "독립협회"(1896년)의 창립자인 서재필(1866~1951)의 미국 이름이다.

가 언론에 정기적으로 게재되는 것으로 보아 임시정부의 이해를 대신해 행동하는 요원들이 적지 않다는 결론을 내릴 수 있습니다.

한국 내 지속적인 불안은 일본 의회의 의원들이 관심을 끌 수밖에 없었고, 야당 의원들은 한국의 상황을 논의할 위원회를 선출해야 한다고 주장할 권리가 자신들에게 있다고 생각했습니다. 이러한 조치의 필요성은 한국을 통치하기 위한 업무에서 한국인과 일본인 사이의 평등의 원칙을 실현하려는 새로운 국내 정책 프로그램을 연구할 시기가 되었다는 데에 기인했습니다. 야당 의원 나카노는 의회에서 1,800만 명의 한국인 모두가 일본 체제에 반대하고 있음을 공개적으로 언급하는 것을 주저하지 않았습니다. 이것이 설명하는 바로는 국내 질서 유지가 … (보관문서에는 류트쉬의 이 보고서 뒷부분이 존재하지 않는다. 필자)

부 록

Ⅰ. 2.8독립선언서
Ⅱ. 선언서(기미독립선언서)
Ⅲ. 대한독립선언서(무오독립선언서)

Ⅰ. 2.8독립선언서[1]

　　조선청년독립단은 우리 2천만 민족을 대표하여 정의와 자유를 쟁취한 세계 모든 나라 앞에 독립을 성취할 것을 선언한다. 4천3백여 년의 장구한 역사를 가진 우리 민족은 실로 세계에서 가장 오랜 민족의 하나이다. 비록 한때는 중국의 연호를 사용한 일이 있었으나 이는 양국 황실의 형식적 외교관계에 불과할 뿐, 조선은 항상 우리의 조선이었고 통일된 국가를 잃고 이민족의 지배를 받은 적은 한 번도 없었다.

　　일본은 조선과 일본이 긴밀한 관계에 있다고 하면서 1894년 청일전쟁에 승리한 후 한국의 독립을 앞장서 승인하였다. 영국, 미국, 불란서, 독일, 러시아 등도 뒤따라 한국의 독립을 승인할 뿐 아니라 이를 계속 보전할 것을 약속하였다. 이에 한국은 여러 국가들의 후의에 감사하면서 의욕적으로 제반 개혁과 국력의 충실을 도모하였다. 당시 러시아의 세력이 남하하여 동양평화와 한국의 안녕을 위협하게 되자 일본이 한국과 공수동맹을 체결하여 러일전쟁을 일으켰음을 볼 때 동양의 평화와 한국의 안녕은 한일 공수동맹의 주된 취지였다. 이에 한국은 더욱 일본의 호의에 감사하여 육해군의 군사적 지원은 못하였지만 주권의 위엄을 희생하면서까지 가능한 모든 의무를 다하여 동양평화와 한국독립이라는 양대 목적을 추구하였다. 그러나 전쟁이 종결되어 당시 미국의 루즈벨트 대통령의 중

---

[1] 출처: https://yunheepathos.tistory.com/1430[이윤희/Yunhee Pathos]

재로 이루어진 강화회의에서 일본은 동맹국인 한국인의 참가를 가로막고 러시아와 일본, 양국 대표자의 임의로 한국에 대한 일본의 종주권을 의결하였다.

　일본은 우월한 병력을 가지고 한국의 독립을 보전한다는 본래의 약속을 위반할 뿐 아니라 무력한 한국 황제와 그 정부를 위협하고 기만해서, 한국의 국력이 충실하여 독립할 수 있을 때까지라는 조건으로 한국의 외교권을 박탈함으로써 그들의 보호국으로 만들었고, 그 결과 한국은 세계 각국과 직접적인 외교관계를 수행할 수 없게 되었다. 나아가 상당한 시기까지라는 조건으로 사업·경찰권을 박탈하고 다시 징병령 실시까지라는 조건으로 군대를 해산하였다. 이에 따라 민간의 무기를 압수하고 일본군대와 헌병·경찰이 각지에 배치되었으며 심지어 황궁의 경비까지도 일본경찰이 담당하게 되었다. 일본은 이렇게 한국으로 하여금 아무런 저항을 하지 못하도록 한 후에 현명한 군주로 추앙받던 광무황제를 폐위 시키고 정신적으로 미성숙한 황태자를 옹립하였으며, 일본의 앞잡이들로 소위 합병내각을 조직하여 무력으로 위협하면서 비밀리에 합병조약을 체결하였다. 이로써 우리 민족은 건국 이래 반만년에 우리를 이끌어주고 원조하겠다던 일본의 군국주의적 야심에 희생되었던 것이다. 실로 한국에 대한 일본의 행위는 사기와 폭력으로부터 비롯되었으며 그 같은 엄청난 사기는 세계 역사상 특필할만한 인류의 치욕이라 하겠다.

　보호조약을 체결할 때 적신을 제외한 대신들은 온갖 저항을 다하였고, 발표 이후 온 국민들도 가능한 모든 저항을 다하였다. 사법·경찰권의 피탈과 군대해산 직후에도 그러하였으며, 합병 당시에는 아무런 무력수단이 없었음에도 불구하고 가능한 모든 저항을 시도하다가 일본의 정예한 무력 앞에 희생된 자 부지기수였다. 이후 10년

간 한국의 독립을 회복하기 위한 운동으로 인해 희생된 자 역시 수십만을 헤아리며, 악독한 헌병정치하에서 언행의 자유를 구속받으면서도 독립운동은 끊어진 적이 없었으니 이를 보더라도 한일합병이 조선 민족의 의사가 아님을 알 수 있다. 이와 같이 우리 민족은 일본의 군국주의적 야심에서 비롯한 기만과 폭력 아래 우리 민족의 의사에 반대되는 운명을 당하였으니, 정의로 세계를 개혁하는 지금 우리는 당연히 그 사정을 세계에 요구할 권리가 있으며, 세계의 주도적 위치에 있는 미국과 영국은 한국의 보호와 합병을 솔선하여 승인한 과거의 잘못의 대가를 지불할 의무가 있는 것이다. 합병 이래 일본의 조선통치정책을 보면 합병 시의 선언과는 반대로 우리 민족의 행복과 이익을 무시하고 고대 정복자들의 피정복자에 대한 비인도적 정책을 본뜨고 있는 것이다. 우리 민족에게는 참정권, 집회결사의 자유, 언론출판의 자유 등을 불허하며 심지어 종교의 자유, 기업의 자유까지 적지 않아 구속하고 나아가 행정, 사법, 경찰 등 모든 기관은 조선민족의 개인적인 권리마저 침해하고 있다.

또 공적, 사적으로 우리 민족과 일본인 간에 우열의 차별을 두어 우리 민족에게는 일본인에 비하여 열등한 교육을 시킴으로써 우리 민족으로 하여금 영원히 일본인의 지배를 받게 하려하며, 역사를 개조하여 우리민족의 신성한 역사적 전통과 위엄을 파괴하고 업신여기고 있다. 소수의 관리를 제외하고는 정부기관과 교통, 통신, 군대 등의 기관에 전부, 혹은 대부분 일본인을 고용하여 우리 민족으로 하여금 국가운영의 능력과 경험을 획득할 기회를 전혀 갖지 못하게 하니 이와 같은 무단·전제, 부정·불평등한 정치하에서 우리 민족의 생존과 발전을 기대하기란 실로 불가능한 일인 것이다. 그뿐 아니라 본래 인구가 많은 조선에 일본인의 이민을 무제한 장려하고 보조함으로써 토착민인 우리 민족은 해외로 정처없이 떠나지 않을 수 없으며, 정부의 모든 기관은 물론이요 사설기관까지 일본인만을 고용하여 하루아침에 조선인의 재산을 일본으로 유출시키고, 상공업에서도 일본인에게만 특혜를 부여함으로써 우리 민족은 산업발전의 기회조차 가질 수 없게 하고 있다. 이와 같이 어떤 방면을 살펴보아도 우리 민족과 일본의 이해는 상호배치되어 그 해를 입는 것은 우리 민족이니 우리 민족은 생존의 권리를 위해 독립을 주장하는 것이다.

끝으로 동양평화의 측면에서 보건대 위협의 대상이던 러시아는 지금 군국주의적 야심을 포기하고 정의와 자유를 기초로 한 새 국가의 건설에 종사하는 중이며, 중국도 또한 그러하고, 나아가 국제연맹이 실현됨에 따라 다시는 군국주의적 침략을 감행할 강국이 없을 것이다. 따라서 일본이 한국을 합병한 최대 이유는 이미 소멸되었다. 조선민족이 끊임없이 저항운동을 전개한다면 일본에 의해 합병된 한국은 오히려 동양평화를 깨뜨릴 화근이 될 것이다. 우리 민족은 정당한 방법으로 우리 민족의 자유를 추구할 것이나 만일 이로써 성공하지 못한다면 우리 민족은 생존의 권리를 위해 모든 자유행동을 취하면서 최후의 1인까지 자유를 위한 뜨거운 피를 뿌릴 것이니 이 어찌 동양평화의 화근이 아닐 것인가? 우리 민족에게는 군대가 없으므로 우리는 무력으로 일본에 저항할 실력은 없다. 그러나 만일 일본이 우리 민족의 정당한 요구에 불응한다면 우리 민족은 일본에 대하여 영원한 혈전을 선포할 것이다. 우리 민족은 오랫동안 고상한 문화를 지녀왔고 반만년 동안 내려온 국가생활의 경험을 가지고 있다. 비록 다년간의 전제정치하에서 일어난 해독과 불행이 우리 민족을 이 지경으로 이끌었다 하더라도 건국 이래 문화와 정의와 평화를 애호하는 우리 민족은 정의와 자유를 기초로 한 민주주의 선진국의 모범을 본받아 새로운 국가를 건설한 후 세계평화와 인류문화에 공헌할 수 있을 것임을 확신하는 바이다. 이에 우리 민족은 일본을 위시한 세계 각국의 우리 민족에게 민족자결의 기회를 부여할 것을 요구하며, 만일 그것이 이루어지지 않는다면 우리 민족은 생존을 위해 자유행동을 취함으로써 독립을 성취할 것을 선언한다.

결 의 문

1. 우리는 한일합병이 우리 민족의 자유의사에서 비롯되지 않았으며, 그것이 우리 민족의 생존·발전을 위협하고 동양의 평화를 저해하는 원인이 된다고 생각하므로 독립을 주장하는 것이다.
2. 우리는 일본의회 및 정부에 대해 조선민족대회를 소집하고 대회의 결의에 따라 우리 민족의 운명을 결정할 기회를 부여할 것을 요구한다.
3. 우리는 만국평화회의에 대해 민족자결주의를 우리 민족에게 적용할 것을 청구한다. 이 목적을 달성하기 위해 일본에 주재하는 각국의 대사, 공사에게 우리의 의사를 그들 정부에 전달해 줄 것을 요구하며 동시에 위원 3인을 만국평화회의에 파견한다. 이들 위원은 이미 파견된 우리 민족의 위원과 함께 행동을 취할 것이다.
4. 앞의 세 가지 요구가 실현되지 않을 경우, 우리 민족은 일본에 대하여 영원한 혈전을 선언한다. 이로써 발생하는 참화에 대해 우리 민족은 어떠한 책임도 지지 않을 것이다.

1919년 2월 8일

재일본동경조선청년독립단대표

최팔용 윤창석 이종근 이광수 최근우 서 춘 백관수 김도연 송계백 김철수 김상덕

Ⅱ. 선언서(기미독립선언서)[2]

　　吾等(오등)은 玆(자)에 我(아) 朝鮮(조선)의 獨立國(독립국)임과 朝鮮人(조선인)의 自主民(자주민)임을 宣言(선언)하노라. 此(차)로써 世界萬邦(세계 만방)에 告(고)하야 人類平等(인류 평등)의 大義(대의)를 克明(극명)하며, 子孫萬代(자손 만대)에 誥(고)하야 民族自存(민족 자존)의 正權(정권)을 永有(영유)케 하노라.

　　半萬年(반만년) 歷史(역사)의 權威(권위)를 杖(장)하야 此(차)를 宣言(선언)함이며, 二千萬(이천만) 民衆(민중)의 誠忠(성충)을 合(합)하야 此(차)를 佈明(포명)함이며, 民族(민족)의 恒久如一(항구 여일)한 自由發展(자유 발전)을 爲(위)하야 此(차)를 主張(주장)함이며, 人類的(인류적) 良心(양심)의 發露(발로)에 起因(기인)한 世界改造(세계개조)의 大機運(대기운)에 順應幷進(순응병진)하기 爲하야 此를 제기(提起)함이니, 是(시) 天(천)의 明命(명명)이며, 時代(시대)의 대세(大勢)ㅣ며, 全人類(전인류) 共存同生權(공존 동생권)의 正當(정당)한 發動(발동)이라, 天下何物(천하 하물)이던지 此(차)를 沮止抑制(저지 억제)치 못할지니라.

　　舊時代(구시대)의 遺物(유물)인 侵略主義(침략주의) 强權主義(강권주의)의 犧牲(희생)을 作(작)하야 有史以來(유사이래) 累千年(누천년)에 처음으로 異民族(이민족) 箝制(겸제)의 痛苦(통고)를 嘗(상)한

---

[2] 이윤상, 『3·1운동의 배경과 독립선언』, 한국독립운동사편찬위원회, 2009, pp. 179~183.

지 今(금)에 十年(십년)을 過(과)한지라. 我(아) 生存權(생존권)의 剝喪(박상)됨이 무릇 幾何(기하) ㅣ 며, 心靈上(심령상) 發展(발전)의 障碍(장애)됨이 무릇 幾何(기하) ㅣ 며, 民族的(민족적) 尊榮(존영)의 毀損(훼손)됨이 무릇 幾何(기하) ㅣ 며, 新銳(신예)와 獨創(독창)으로써 世界文化(세계 문화)의 大潮流(대조류)에 寄與補裨(기여 보비)할 機緣(기연)을 遺失(유실)함이 무릇 幾何(기하) ㅣ 뇨.

噫(희)라, 舊來(구래)의 抑鬱(억울)을 宣暢(선창)하려 하면, 時下(시하)의 苦痛(고통)을 擺脫(파탈)하려 하면, 將來(장래)의 脅威(협위)를 芟除(삼제)하려 하면, 民族的(민족적) 良心(양심)과 國家的(국가적) 廉義(염의)의 壓縮銷殘(압축소잔)을 興奮伸張(흥분 신장)하려 하면, 各個(각개) 人格(인격)의 正當(정당)한 發達(발달)을 遂(수)하려 하면, 可憐(가련)한 子弟(자제)에게 苦恥的(고치적) 財産(재산)을 遺與(유여)치 안이하려 하면, 子子孫孫(자자손손)의 永久完全(영구완전)한 慶福(경복)을 導迎(도영)하려 하면, 最大急務(최대급무)가 民族的(민족적) 獨立(독립)을 確實(확실)케 함이니, 二千萬(이천만) 各個(각개)가 方寸(방촌)의 刃(인)을 懷(회)하고, 人類通性(인류 통성)과 時代良心(시대양심)이 正義(정의)의 軍(군)과 人道(인도)의 干戈(간과)로써 護援(호원)하는 今日(금일), 吾人(오인)은 進(진)하야 取(취)하매 何强(하강)을 挫(좌)치 못하랴. 退(퇴)하야 作(작)하매 何志(하지)를 展(전)치 못하랴.

丙子修好條規(병자 수호 조규) 以來(이래) 時時種種(시시종종)의 金石盟約(금석 맹약)을 食(식)하얏다 하야 日本(일본)의 無信(무신)을 罪(죄)하려 안이 하노라. 學者(학자)는 講壇(강단)에서, 政治家(정치가)는 實際(실제)에서, 我 祖宗世業(조종 세업)을 植民地視(식민지시)하고, 我 文化民族(문화 민족)을 土昧人遇(토매인우)하야, 한갓

征服者(정복자)의 快(쾌)를 貪(탐)할 이오, 我(아)의 久遠(구원)한 社會基礎(사회 기초)와 卓(탁락)한 民族心理(민족 심리)를 無視(무시)한다 하야 日本(일본)의 少義(소의)함을 責(책)하려 안이 하노라. 自己(자기)를 策勵(책려)하기에 急(급)한 吾人(오인)은 他(타)의 怨尤(원우)를 暇(가)치 못하노라. 現在(현재)를 綢繆(주무)하기에 急(급)한 吾人(오인)은 宿昔(숙석)의 懲辨(징변)을 暇(가)치 못하노라. 今日(금일) 吾人(오인)의 所任(소임)은 다만 自己(자기)의 建設(건설)이 有(유)할 이오, 결코 他(타)의 破壞(파괴)에 在(재)치 안이 하도다.

　嚴肅(엄숙)한 良心(양심)의 命令(명령)으로써 自家(자가)의 新運命(신운명)을 開拓(개척)함이오, 결코 舊怨(구원)과 一時的(일시적) 感情(감정)으로써 他(타)를 嫉逐排斥(질축배척)함이 안이로다. 舊思想(구사상) 舊勢力(구세력)에 羈(기미)된 日本(일본) 爲政家(위정가)의 功名的(공명적) 犧牲(희생)이 된 不自?부자연), 又 不合理(불합리)한 錯誤狀態(착오 상태)를 改善匡正(개선 광정)햐야, 자연(자연), 又(우) 合理(합리)한 正經大原(정경 대원)으로 歸還(귀환)케 함이로다. 當初(당초)에 民族的(민족적) 要求(요구)로서 出(출)치 안이한 兩國倂合(양국 병합)의 結果(결과)가, 畢竟(필경) 姑息的(고식적) 威壓(위압)과 差別的(차별적) 不平(불평)과 統計數字上(통계 숫자상) 虛飾(허식)의 하에 利害相反(이해 상반)한 兩(양) 民族間(민족 간)에 永遠(영원)히 和同(화동)할 수 업는 怨溝(원구)를 去益深造(거익 심조)하는 今來實績(금래 실적)을 觀(관)하라. 勇明果敢(용맹과감)으로써 舊誤(구오)를 廓正(확정)하고, 眞正(진정)한 理解(이해)와 同情(동정)에 基本(기본)한 友好的(우호적) 新局面(신국면)을 打開(타개)함이 彼此間(피차간) 遠禍召福(원화소복)하는 捷徑(첩경)임을 明知(명지)할 것 안인가.

二千萬(이천만) 含憤蓄怨(함분축원)의 民(민)을 威力(위력)으로써 拘束(구속)함은 다만 東洋(동양)의 永久(영구)한 平和(평화)를 保障(보장)하는 所以(소이)가 안일 안이라, 此(차)로 因(인)하야 東洋安危(동양 안위)의 主軸(주축)인 四億萬(사억만) 支那人(지나인)의 日本(일본)에 대한 危懼(위구)와 猜疑(시의)를 갈스록 濃厚(농후)케 하야, 그 結果(결과)로 東洋(동양) 全國(전국)이 共倒同亡(공도 동망)의 悲運(비운)을 招致(초치)할 것이 明(명)하니, 今日(금일) 吾人(오인)의 朝鮮獨立(조선 독립)은 朝鮮人(조선인)으로 하야금 正當(정당)한 生榮(생영)을 遂(수)케 하는 同時(동시)에, 日本(일본)으로 하야금 邪路(사로)로서 出(출)하야 東洋(동양)의 支持者(지지자)인 重責(중책)을 全(전)케 하는 것이며, 支那(지나)로 하야금 夢寐(몽매)에도 免(면)하지 못하는 不安(불안), 恐怖(공포)로서 脫出(탈출)케 하는 것이며, 東洋平和(동양 평화)로 重要(중요)한 一部(일부)를 삼는 世界平和(세계 평화), 人類幸福(인류 행복)에 必要(필요)한 階段(계단)이 되게 하는 것이라. 이 엇지 區區(구구)한 感情上(감정상)의 問題(문제) ㅣ리오.

아아, 新天地(신천지)가 眼前(안전)에 展開(전개)되도다. 威力(위력)의 時代(시대)는 去(거)하고 道義(도의)의 時代(시대)가 來(래)하도다. 過去(과거) 全世紀(전세기)에 鍊磨 長養(연마 장양)된 人道的(인도적) 精神(정신)이 바야흐로 新文明(신문명)의 曙光(서광)을 人類(인류)의 歷史(역사)에 投射(투사)하기 始(시)하도다. 新春(신춘)이 世界(세계)에 來(래)하야 萬物(만물)의 回蘇(회소)를 催促(최촉)하는도다. 凍氷寒雪(동빙 한설)에 呼吸(호흡)을 閉蟄(폐칩)한 것이 彼一時(피일시)의 勢(세)ㅣ라 하면 和風暖陽(화풍난양)에 氣脈(기맥)을 振舒(진서)함은 此一時(차일시)의 勢(세)ㅣ니, 天地(천지)의 福運(복운)에 際(제)하고 世界(세계)의 變潮(변조)를 乘(승)한 吾人(오인)은 아모 廚躇(주저)할 것 업스며, 아모 忌憚(기탄)할 것 업도다. 我(아)의 固有(고유)한 自由權(자유권)을 護全(호전)하야 生旺(생왕)의 樂(낙)을 飽享(포향)할 것이며, 我(아) 自足(자족)한 獨創力(독창력)을 發揮(발휘)하야 春滿(춘만)한 大界(대계)에 民族的(민족적) 精華(정화)를 結紐(결뉴)할지로다.

吾等(오등)이 慈(자)에 奮起(분기)하도다. 良心(양심)이 我(아)와 同存(동존)하며 眞理(진리)가 我와 幷進(병진)하는도다. 男女老少(남녀노소) 업시 陰鬱(음울)한 古巢(고소)로서 活潑(활발)히 起來(기래)하야 萬彙群象(만휘군상)으로 더부러 欣快(흔쾌)한 復活(부활)을 成遂(성수)하게 되도다. 千百世(천백세) 祖靈(조령)이 吾等(오등)을 陰佑(음우)하며 全世界(전세계) 氣運(기운)이 吾等(오등)을 外護(외호)하나니, 着手(착수)가 곳 成功(성공)이라. 다만, 前頭(전두)의 光明(광명)으로 驀進(맥진)할 따름인뎌.

公約三章(공약삼장)

一. 今日(금일) 吾人(오인)의 此擧(차거)는 正義(정의), 人道(인도), 生存(생존), 尊榮(존영)을 爲(위)하는 民族的(민족적) 要求(요구) ㅣ니, 오즉 自由的(자유적) 精神(정신)을 發揮(발휘)할 것이오, 결코 排他的(배타적) 感情(감정)으로 逸走(일주)하지 말라.
一. 最後(최후)의 一人(일인) 지, 最後(최후)의 一刻(일각) 지 民族(민족)의 正當(정당)한 意思(의사)를 快(쾌)히 發表(발표)하라.
一. 一切(일체)의 行動(행동)은 가장 秩序(질서)를 尊重(존중)하야, 吾人(오인)의 主張(주장)과 態度(태도)로 하야금 어대 지던지 光明正大(광명정대)하게 하라.

손병희 길선주 이필주 백용성 김완규 김병조 김창준 권동진 권병덕 나용환 나인협 양전백 양한묵 유여대 이갑성 이명룡 이승훈 이종훈 이종일 임예환 박준승 박희도 박동완 신홍식 신석구 오세창 오화영 정춘수 최성모 최 린 한용운 홍병기 홍기조

Ⅲ. 대한독립선언서(무오독립선언서)[3]

우리 대한 동족 남매와 온 세계 우방 동포여!
우리 대한은 완전한 자주독립과 신성한 평등복리로 우리 자손 여민(黎民: 백성)에 대대로 전하게 하기 위하여, 여기 이민족 전제의 학대와 억압을 해탈하고 대한 민주의 자립을 선포하노라.
우리 대한은 예로부터 우리 대한의 한(韓)이요, 이민족의 한(韓)이 아니라, 반만년사의 내치외교(內治外交)는 한왕한제(韓王韓帝)의 고유 권한이요, 백만방리의 고산(高山) 려수(麗水)는 한남한녀(韓男韓女)의 공유 재산이요, 기골문언(氣骨文言)이 유럽과 아시아에 뛰어난 우리 민족은 능히 자국을 옹호하며 만방을 화합하여 세계에 공진할 천민(天民)이라, 우리 나라의 털끝만한 권한이라도 이민족에게 양보할 의무가 없고, 우리 강토의 촌토라도 이민족이 점유할 권한이 없으며, 우리 나라 한 사람의 한인(韓人)이라도 이민족이 간섭할 조건이 없으니, 우리 한(韓)은 완전한 한인의 한(韓)이라.
슬프도다, 일본의 무력과 재앙이여. 임진 이래로 반도에 쌓아 놓은 악은 만세에 엄폐치 못할지며, 갑오 이후 대륙에서 지은 죄는 만국에 용납지 못할지라. 그들이 전쟁을 즐기는 악습은 자보(自保)니 자위(自衛)니 구실을 만들더니, 마침내 하늘에 반하고 인도에 거스르는 보호 합병을 강제하고, 그들이 맹세를 어기는 패습은 영토니 문호니 기회니 구실을 거짓 삼다가 필경 불의로운 불법의 밀관협약

---

[3] 박영섭, 「대한독립선언서」, 『한민족독립운동사』 3, 국사편찬위원회, 1988, p. 121.

(密款脅約)을 강제로 맺고, 그들의 요망한 정책은 감히 종교와 문화를 말살하였고, 교육을 제한하여 과학의 유통을 막았고, 인권을 박탈하며 경제를 농락하며 군경(軍警)의 무단과 이민이 암계(暗計)로 한족을 멸하고 일인을 증식[滅韓殖日]하려는 간흉을 실행한지라.

적극적, 소극적으로 우리의 한(韓)족을 마멸시킴이 얼마인가.

십년 무력과 재앙의 작란(作亂)이 여기서 극에 이르므로 하늘이 그들의 더러운 덕을 꺼리시어 우리에게 좋은 기회를 주실 새, 우리들은 하늘에 순종하고 인도에 응하여 대한독립을 선포하는 동시에 그들의 합병하던 죄악을 선포하고 징계하니,

1. 일본의 합방 동기는 그들의 소위 범일본주의를 아시아에서 실행함이니, 이는 동아시아의 적이요,
2. 일본의 합방 수단은 사기강박과 불법무도와 무력폭행을 구비하였으니, 이는 국제법규의 악마이며,
3. 일본의 합병 결과는 군경의 야만적 힘과 경제의 압박으로 종족을 마멸하며, 종교를 억압하고 핍박하며, 교육을 제한하여 세계 문화를 저지하고 장애하였으니 이는 인류의 적이라,

그러므로 하늘의 뜻과 사람의 도리[天意人道]와 정의법리(正義法理)에 비추어 만국의 입증으로 합방 무효를 선포하며, 그들의 죄악을 응징하며 우리의 권리를 회복하노라.

슬프도다, 일본의 무력과 재앙이여! 작게 징계하고 크게 타이름이 너희의 복이니 섬은 섬으로 돌아가고, 반도는 반도로 돌아오고, 대륙은 대륙으로 회복할지어다.

각기 원상(原狀)을 회복함은 아시아의 바램인 동시에 너희도 바램이러니와, 만일 미련하게도 깨닫지 못하면 화근이 모두 너희에게 있으니, 복구자신(復舊自新)의 이익을 반복하여 알아듣게 타이를 것이다.

보라! 인민의 마적이었던 전제와 강권은 잔재가 이미 다하였고, 인류에 부여된 평등과 평화는 명명백백하여, 공의(公義)의 심판과 자유의 보편성은 실로 광겁(曠劫)의 액(厄)을 크게 씻어내고자 하는 천의(天意)의 실현함이요, 약국잔족(弱國殘族)을 구제하는 대지의 복음이라.

장하도다, 시대의 정의여. 이때를 만난 우리는 함께 나아가 무도한 강권속박(强權束縛)을 해탈하고 광명한 평화독립을 회복함은, 하늘의 뜻을 높이 날리며 인심을 순응시키고자 함이며, 지구에 발을 붙인 권리로써 세계를 개조하여 대동건설을 협찬하는 소이로서 우리 여기 2천만 대중의 충성을 대표하여, 감히 황황일신(皇皇一神)께 분명히 알리고[昭告] 세계 만방에 고하오니, 우리 독립은 하늘과 사람이 모두 향응[天人合應]하는 순수한 동기로 민족자보(民族自保)의 정당한 권리를 행사함이요, 결코 목전의 이해[眼前利害]에 우연한 충동이 아니며, 은혜와 원한(恩怨)에 관한 감정으로 비문명한 보복 수단에 자족한 바가 아니라, 실로 항구일관(恒久一貫)한 국민의 지성이 격발하여 저 이민족으로 하여금 깨닫고 새롭게 함[感悟自新]이며, 우리의 결실은 야비한 정궤(政軌)를 초월하여 진정한 도의를 실현함이라.

아 우리 대중이여, 공의로 독립한 자는 공의로써 진행할지라, 일체의 방편[一切方便]으로 군국전제를 삭제하여 민족 평등을 세계에 널리 베풀[普施]지니 이는 우리 독립의 제일의 뜻[第逸意]이요, 무력겸병(武力兼倂)을 근절하여 평등한 천하[平均天下]의 공도(公道)로 진행할지니 이는 우리 독립의 본령이요, 밀약사전(密約私戰)을 엄금하고 대동평화를 선전(宣傳)할지니 이는 우리 복국의 사명이요, 동등한 권리와 부[同權同富]를 모든 동포[一切同胞]에게 베풀며 남녀빈

부를 고르게 다스리며, 등현등수(等賢等壽)로 지우노유(知愚老幼)에게 균등[均]하게 하여 사해인류(四海人類)를 포용[度]할 것이니 이것이 우리 건국[立國]의 기치(旗幟)요, 나아가 국제불의(國際不義)를 감독하고 우주의 진선미를 체현(體現)할 것이니 이는 우리 대한민족의 시세에 응하고 부활[應時復活]하는 궁극의 의의[究竟義]니라.

아 우리 마음이 같고 도덕이 같은[同心同德] 2천만 형제자매여! 우리 단군대황조께서 상제(上帝)에 좌우하시어 우리의 기운(機運)을 명하시며, 세계와 시대가 우리의 복리를 돕는다.

정의는 무적의 칼이니 이로써 하늘에 거스르는 악마와 나라를 도적질하는 적을 한 손으로 무찌르라. 이로써 5천년 조정의 광휘(光輝)를 현양(顯揚)할 것이며, 이로써 2천만 백성[赤子]의 운명을 개척할 것이니, 궐기[起]하라 독립군! 제[齊]하라 독립군!

천지로 망(網)한 한번 죽음은 사람의 면할 수 없는 바인즉, 개·돼지와도 같은 일생을 누가 원하는 바이리오. 살신성인하면 2천만 동포와 동체(同體)로 부활할 것이니 일신을 어찌 아낄 것이며, 집안이 기울어도 나라를 회복되면 3천리 옥토가 자가의 소유이니 일가(一家)를 희생하라!

아 우리 마음이 같고 도덕이 같은 2천만 형제자매여! 국민본령(國民本領)을 자각한 독립임을 기억할 것이며, 동양평화를 보장하고 인류평등을 실시하기 위한 자립인 것을 명심할 것이며, 황천의 명령을 크게 받들어(祇奉) 일절(一切) 사망(邪網)에서 해탈하는 건국인 것을 확신하여, 육탄혈전(肉彈血戰)으로 독립을 완성할지어다.

단군기원 4252년 2월 일

김교헌(金敎獻) 김규식(金奎植) 김동삼(金東三) 김약연(金躍淵) 김좌진(金佐鎭) 김학만(金學滿) 여 준(呂 準) 유동열(柳東說) 이 광(李 光) 이대위(李大爲) 이동녕(李東寧) 이동휘(李東輝) 이범윤(李範允) 이봉우(李奉雨) 이상룡(李相龍) 이세영(李世永) 이승만(李承晩) 이시영(李始榮) 이종탁(李鍾倬) 이종탁(李鍾倬) 이 탁(李 □) 문창범(文昌範) 박성태(朴性泰) 박용만(朴容萬) 박은식(朴殷植) 박찬익(朴贊翼) 손일민(孫一民) 신 정(申 檉) 신채호(申采浩) 안정근(安定根) 안창호(安昌浩) 임 방(任 □) 윤세복(尹世復) 조용은(趙鏞殷) 조 욱(曺 煜) 정재관(鄭在寬) 최병학(崔炳學) 한 흥(韓 興) 허 혁(許 爀) 황상규(黃尙奎)

원저자와 그의 주요 저작

　　1931년 블라디보스토크에서 태어났고 모스크바에서 생을 마감함. 1937년 강제이주 당시 부모를 따라 카자흐스탄 구리예프로 이주함. 그 후 우즈베키스탄 타쉬켄트주로 이주하여 중등교육 마치고 1951~1956년 국립중앙아시아대학교 동방학부 졸업. 〈북극성〉 콜호즈(현 김병화콜호즈) 역사학 교사, 교장 역임. 1962~1965 국립모스크바사범대학교 박사과정, "제1차 세계대전 전야 한민족의 해방운동"으로 박사학위 취득(지도교수 A. N. 헤이페츠). A. L. 나로츠니츠키, G. F. 김, F. I. 샤브쉬나로부터 사사. "19세기 중반에서 20세기 초반 러시아와 한국"으로 역사학 독토르 학위 취득. 1056년 이래 1999년까지 이르쿠츠크사범대 세계사학과 전임강사, 조교수, 교수 역임. 1999년 이래 러시아과학아카데미 동방학연구소 한국몽골과 수석연구원. 러시아연방 공훈학술활동가.

　　19세기 말에서 20세기 초 한국의 대외정책사, 한러관계사, 한국해방운동사, 러시아에서 한인 디아스포라, 강대국 대한정책사를 집중 연구함. 국내외 학술활동 활발히 전개함.

【 주요 저작 】

Освободительная борьба корейского народа накануне Первой мировой войны. — М., 1967. — 169 с.

Россия и Корея. — М.: ГРВЛ, 1979. — 303 с.; То же, доп. — М.: ИВ РАН, 2004. — 520 с.

Корейцы в Российской империи. — МЦК МГУ, 1993. — 261 с.; То же, исправл. — Иркутск: ИГПИ, 1994. — 238 с.

Корейцы в Советской России (1917 - конец 30-х годов). — М. - Иркутск - Спб.: Иркутск: ИГПИ, 1995. — 259 с.

Первомартовское движение 1919 года в Корее глазами российского дипломата. — Иркутск, 1997. — 181 с. (совм. с Пак Тхэгыном).

Возмездие на харбинском вокзале. Документально-ист. очерк. — Иркутск: ИГПУ, 1999. — 158 с.

Сост.: Ким Мангым (Н.С. Серебряков). — М.: ИВ РАН, 2001. — 212 с.

140 лет в России. Очерк истории российских корейцев. — М.: ИВ РАН, 2004. — 464 с. (совм. с Н.Ф. Бугаем).

Сост.: Корейцы в СССР. Материалы советской печати 1918- 1937 гг. — М.: ИВ РАН, 2004. — 344 с. (совм. с Ю.В. Ваниным, Б.Б. Пак).

Сост.: Хан Мёнсе (Хан Андрей Абрамович) / Отв. ред. Ю.В. Ванин. — М.: ИВ РАН, 2005. — 202 с.

Сост.: Коминтерн, СССР и корейское освободительное движение. — М.: ИВ РАН, 2006.

찾아보기

【ㄱ】
간도 47
강화도조약 109
고종 황제 91, 108, 114
고창일 23, 24
국제연맹 21, 40
김좌진 192, 216
김하구 192
김하석 192

【ㄴ】
남대문전투 49

【ㄷ】
대원군 109
대일조로공수동맹 32
대한국민의회 23, 39
대한독립만세 27, 155
대한독립선언서 39, 41, 48, 101
대한민국임시정부 50, 174, 177, 188, 191
대한인국민회 22, 50

【ㄹ】
데라우치 마사타케(寺內正毅) 67, 108
도태 182
동래 79
동방선교회 84
동학봉기 110

【ㄹ】
러일전쟁 84, 111
류트쉬(Я. Я. Лютш) 22, 29, 59, 61, 145

【ㅁ】
맹산 77

【ㅂ】
박은식 40
박청림 43, 44
발안장 152
봉오동 169

【ㅅ】
사이토 162, 164

3·1운동 21, 29, 33, 39, 59, 62
손병희 26, 84
식민지조선 28, 30, 39, 54, 59
신한청년당 22

【ㅇ】
안창호 217
용천 156
유동열 217
육탄혈전 216
윤해 24
의병 50
이동휘 217
이승만 217
이원 77, 82
이위종 53
이태왕 70
일진회 84

【ㅈ】
재령 76
전러중앙집행위원회 38, 53
전로한족중앙총회 23
제2 독립선언서 40
제암리 131, 160
제주도 146
조선독립청년단/조선청년독립단 25, 201
조선총독부 122
조치원 79, 149

【ㅊ】
천도교 62, 84
청원서 105
청일전쟁 85, 111
최명록 192
최진동 192

【ㅋ】
콜차크 정부 28, 42
크루펜스키 61

【ㅌ】
태극기 81, 83

【ㅍ】
파리강화회의 21, 22, 68, 122
평산 155, 159

【ㅎ】
하세가와 요시미치(長谷川好道) 67
한인사회당 25
홍범도 192

■ 번역자 | 심헌용 (eurasiagunsa@mnd.go.kr)

서강대학교 정치외교학과 졸업(문학사, 정치학석사)
러시아연방학술원 러시아역사연구소 수학(정치학 박사)
현재 국방부 군사편찬연구소 군사사부장

주요 경력
국방부 군사편찬연구소 선임연구원
국사편찬위원회 편찬자문위원
국가보훈처 독립유공자공적 심사위원
『재외한인연구』 편집이사, 『군사』 편집위원장
국제정치학회, 한국슬라브학회 학술이사, 재외한인학회 부회장

주요 논저
『한말 군 근대화 연구』, 『한러 군사관계사』
『한반도에서 전개된 러일전쟁 연구』
『Общественные объединения корейцев России』(공저)
『러시아한인 민족사회단체의 독립 및 자치운동』
『중앙아시아의 코리안 에트노스』(공저)
「The War Participation of Soviet Koreans during the World War II Period」, 『러시아 민족정책과 강제이주』
『소련의 대한반도 군사정책(1917~1948)』
『독립군, 광복군 그리고 국군』(공저)
『근현대 한국군의 역사』(공저) 등 학술논문 50여 편 발표